红烛之芳

——记一位人民教师的壮美人生

訾红旗 编著

河南大学出版社

·郑州·

图书在版编目(CIP)数据

红烛之芳:记一位人民教师的壮美人生/訾红旗编著.—郑州:河南大学出版社,2018.12(2022.8重印)
ISBN 978-7-5649-3644-0

Ⅰ.①红… Ⅱ.①訾… Ⅲ.①李芳-传记 Ⅳ.①K825.46

中国版本图书馆CIP数据核字(2018)第301039号

统筹策划	于华龙
责任编辑	林方丽
责任校对	韩 璐
封面设计	高 飞

出版发行	河南大学出版社
	地址:郑州市郑东新区商务外环中华大厦2401号
	邮编:450046 电话:0371-86059701(营销中心)
	网址:hupress.henu.edu.cn
印　刷	广东虎彩云印刷有限公司
版　次	2019年3月第1版
印　次	2022年8月第3次印刷
开　本	710mm×1000mm　1/16　印　张　18
字　数	200千字　　　　　　定　价　40.00元

(本书如有印装质量问题,请与河南大学出版社营销中心联系调换)

一个人遇到好老师是人生的幸运，一个学校拥有好老师是学校的光荣，一个民族源源不断涌现出一批又一批好老师则是民族的希望。

——习近平

河南教师　芬芳全国
——深切怀念用生命完成"最后一课"的英雄教师李芳

　　冰雪融化,漫山复苏。听风消息,属于大别山的英雄之花映山红也做好了盛开的准备。在这孕育着希望的春天里,一册书写一位大别山英雄教师李芳的书摆在了案头,即将付梓之际,让我写几句话。这让我再一次心不能抑:去年,在学习李芳同志先进事迹座谈会上,我曾和许多参会的同志一起被深深感动,那天在会上所做的讲话,也言犹在耳。此时此刻,有句诗跃上心头:有的人死了,他还活着。

　　是的,这位用生命完成"最后一课"的英雄教师的故事,相信也必将永远铭记在大别山上,像年年绽放的映山红一样,次第芬芳。

　　而前不久公布的"《感动中国》2018年度人物"中,有一位被表彰的教师张玉滚也来自河南,来自豫南那片英雄之山。再联想起近两年不断涌现的河南优秀楷模王生英、刘文婷、梁琰、郭天财等教师,从大学校园到偏远村小,从三尺讲台到科研基地,如雨后春笋般涌现的河南先进教师,构成了一支颇有社会影响力的先进群体,使得河南先进教师群体声名远播。

河南教师,芬芳全国。他们都是"出彩河南人"的典型代表,他们的故事告诉我们,当个人理想融入时代洪流,并转化为脚踏实地的苦干实干,再平凡的岗位也能创造出精彩的人生。

2秒钟,是死神留给李芳生死抉择的时间,这位平时胆儿很小的柔弱女教师毫不犹豫地选择了挺身而出,挽救了4名学生,却献出了自己的宝贵生命。她的壮举感动了董家河,她的牺牲感动了大别山。在她的葬礼上,数千人自发前往,无不为她的英勇故事悲痛长哭。一位素不相识却赶去送行的老人感慨万千:除了父母爹娘,谁还会拿自己的命去救别人的命?

18年,是39岁的张玉滚甘愿奉献山村教育的时间。他拿起教鞭能上课,掂起勺子能做饭。他把大山当课堂,起早贪黑,"不耽误孩子们一节课"!

身患残疾的王生英,30年独守深山以校为家,学生们亲切地叫她"妈妈"。她说:"我甘于清贫,但我不甘于家乡的贫困。"

……

致天下之治在人才,成天下之才在教育。李芳老师从教29年来,从未向组织提过任何条件,一心扎根基层教育,多次放弃调回市区工作的机会,主动承担起学校新老教师传帮带的重任,是老师的"老师"。她视学生为骨肉,把一生都奉献给了董家河。

正是有了一位位的"李芳"们,才有了河南优秀教师的群体模范形象,才有了近年来河南基础教育的快速提升和发展,才有了一个个河南青年才俊的脱颖而出。

李芳老师经常说,想把学生塑造成什么样的人,自己就应当是什么样的人。在闻讯李芳老师不幸殉职后,面对记者的采访,纯真的孩子们动情地说:"是李芳老师让我明白,还有像妈妈一样的好老师!""希望能有一个一模一样的李老师来给我们上课!""将来我也要做一名老师,就像李老师一样!"

一个模范就是一面旗帜,一个模范的一片芬芳就能带动一方典型持久地绽放。李芳生前的微信名字叫"繁星点点",而今,她的英勇故事早已传遍了大别山,传出了河南,传遍了全国,由繁星点点幻化作了星河璀璨。

桃李不言,下自成蹊。英雄教师李芳将永远活在大别山人民的心中。

是为序。

中共河南省教育厅党组书记
河南省教育厅厅长

2019 年 3 月 22 日

目　录

001　第一章　中央级媒体报道

002　她为救学生奋力一扑用身体挡住车辆　挽救四人生命
006　乡村女教师李芳：生死关头，以身挡车护学生周全
010　"她用生命完成了最后一堂课"
015　危急关头用身体挡住学生重伤殉职——
　　　李芳老师的最美抉择
019　超越生命的大爱
　　　——追记为救学生而献出生命的河南乡村女教师李芳
026　教育部教师工作司负责人赴河南信阳慰问李芳家属
028　河南信阳勇救学生殉职教师李芳事迹感动各界
　　　大爱无言　师魂永铸

030　河南信阳市千名群众含泪参加因公殉职女教师李芳的追悼会
032　以身挡车救学生英勇牺牲，近5000社会各界人士送行——
　　　李老师，请让我再看您一眼
036　那是青春吐芳华
　　　　　——母校同学、老师追忆李芳
039　保护学生重伤殉职
　　　李芳被追授为"全国优秀教师"
041　大别山下美丽的花
　　　　　——追记勇救学生以身殉职的河南信阳女教师李芳
047　"做一名像李芳老师那样的高尚师者"
　　　河南教育系统掀起向李芳学习热潮
050　大爱感桑梓　师德昭后人
　　　　　——追记河南省优秀共产党员、乡村教师李芳
055　引路，永恒的星光
　　　　　——追记河南省信阳市乡村小学教师李芳的大爱人生
069　河南信阳市乡村教师李芳——
　　　用生命完成"最后一课"
072　用生命为学生上好最后一堂课
　　　　　——追记河南省信阳市绿之风希望小学教师李芳

第二章　省级媒体报道

078　推开4名学生　好老师被撞罹难
　　　在护送学生们过马路时，李芳老师面对危险把生的希望留给了学生

082	这爱,超越生命
	——追记以身挡车救学生的李芳老师
091	挺身救学生的信阳教师李芳被教育部追授"全国优秀教师"称号
093	李芳老师获天天正能量一等奖
	今报阿里万元慰问金送英雄家属
098	李芳被追授为"全国优秀教师"和"河南省优秀教师"
	全国教育系统深入开展学习李芳同志活动
101	学习李芳同志先进事迹座谈会召开
103	信阳李芳老师荣获全国"2018年最美教师"称号
105	母校师生追思李芳
	"我们誓做您的接班人"
108	"全国最美教师"李芳塑像落成揭幕
110	岭上开遍呦,映山红
145	李芳老师,您从未离去
147	向李芳同志学习　争做"四有"好老师
	我省教育系统掀起向李芳老师学习活动新高潮
149	2018"感动中原"年度教育人物揭晓,李芳等11名同志当选

151　第三章　市级媒体报道

152	信阳乡村女教师李芳追悼会16日举行　4000余人到场送别
154	全市教育系统学习李芳同志先进事迹
156	还原、追忆"英雄老师李芳"

167　一片丹心向阳开
　　　——追记全国优秀教师、河南省优秀共产党员李芳（上篇）
172　化作春泥更护花
　　　——追记全国优秀教师、河南省优秀共产党员李芳（下篇）
177　"英雄女教师"李芳上榜7月"中国好人榜"
178　2018"河南最美教师"出炉
　　　李芳老师获特别奖
180　李芳荣获全国"最美教师"称号
182　我市开展向舍身救学生的信阳教师李芳学习活动
　　　传递榜样力量　争做"四有"教师
184　商丘市睢阳区北海小学学习李芳先进事迹　争做"四有"教师

185　第四章　述评言论集萃

186　用生命诠释爱的真谛
188　每位无私奉献的老师都是值得礼遇的英雄
191　不是每个人都能舍生取义
193　师者本色演绎人间大爱
196　河南教师　芬芳全国
　　　——我省先进教师群像扫描

201　第五章　悼念李芳老师诗文集锦

202　英雄教师
204　世上有朵英雄之花
　　　　——追忆信阳李芳老师
210　永远的芳华
212　悼李芳老师
214　从英雄校友李芳事迹想到的

219　第六章　学习李芳同志先进事迹座谈会报告

220　"有妈妈的地方处处是阳光"
223　她给予同事的是春风化雨般的温暖
226　您让我感受到妈妈的慈爱
229　她给予同窗的是无微不至的关怀
232　一次心灵的洗礼
236　谢谢您用生命守护了我的孩子
238　她用生命诠释了"师者父母心"
242　女本柔弱，为师则刚
245　教育是理想主义者的事业
248　统筹协调，让李芳精神永驻人间
251　以李芳为榜样，深入推进师德建设

254 学习李芳精神,筑牢师德根基
257 苏锡凌局长在学习李芳同志先进事迹座谈会上的讲话
260 郑邦山厅长在学习李芳同志先进事迹座谈会上的讲话

269 **附录　李芳同志生平**

273 **后记**

第一章 中央级媒体报道

她为救学生奋力一扑用身体挡住车辆挽救四人生命

　　这位老师,她叫李芳,教二年级。11日傍晚,河南信阳董家河镇绿之风希望小学像往常一样放学,李老师随队护送学生。突然一辆三轮摩托车闯红灯急速驶来,完全没有刹车迹象。李芳老师一边呼叫大家避让,一边冲上去推开孩子们,用自己的身体去挡住三轮车。李芳老师当场被撞倒,陷入昏迷,经过两天的抢救,不幸的消息13日传来,李老师没能再睁开眼睛。我们的记者通过在事发地寻访,试图还原当时的过程。

　　据现场目击学生和老师介绍,当时正是绿灯,李芳老师正在组织学生过马路,学生已经过去大半,还剩下四五名学生在马路中央,三轮摩托车突然闯红灯冲了过来。

　　河南信阳董家河镇绿之风希望小学学生曹佳星说:"那个车从那边很快地开过来,老师看见了,跑过去给学生推开,叫他们走,老师自

▶ 央视网报道截图

己被撞了。"

记者:"当时老师犹豫了吗?"

曹佳星:"没有。"

同在路口值班的何华休老师,并没有看到事故发生的一瞬间,等他发现时,李老师已经被撞倒在地。

河南信阳董家河镇绿之风希望小学老师何华休说:"有人喊车来了,车来了,肯定是李老师的声音,女人的声音。"

记者:"有撞击的声音吗?"

何华休:"肯定有撞击的声音,轰隆一下子。"

李芳因为头部着地,当场昏迷,当时受伤人员除了李芳老师外,还另有4名学生,大家紧急拨打120,将5人送往医院抢救。4名学生伤情较轻,经治疗后已经出院。尽管全体医护人员全力抢救李芳老师,

▶ 央视网报道截图

还是未能挽救她的生命。

李芳，1969年5月出生，1989年毕业于信阳师范学校后，被分配至董家河担任小学教师，任教至今。

河南信阳董家河镇绿之风希望小学校长王斌说："李芳老师是一名非常优秀的老师，爱岗敬业，在县市优秀班主任、师德先进个人、教学能手评选中，每次都能够评上，这次为了救孩子走了，我们全体师生都一直沉浸在悲痛之中。"

另据记者了解，肇事三轮摩托车撞倒李老师后又失控前行了约100米，翻倒在路边。目前车主已经被警方控制，案件正在调查中。

我们看过很多危难时刻出手救人的采访，当事人都会说，当时情况紧急，什么也来不及想，就上了。三轮摩托车飞驰而来的时候，李芳老师肯定也是这么想的，但她却永远不能接受我们的采访了。

什么都来不及想的情况之下所做的行动,恰恰是出于一个人最本能的反应。大家都说李芳老师生前是个好老师,是个爱孩子的班主任,她的爱始终如一,毫无分别,即便在生命的最后一刻,她的选择依然是把孩子放在比自己更重要的位置。她的生命就此终结,但相信被她呵护过的孩子们不会忘记她的爱,李老师会是他们心中永远的英雄,英雄一路走好。

原载于央视网 2018 年 6 月 14 日

乡村女教师李芳：
生死关头，以身挡车护学生周全

放学路上，当小学生们排队过马路时，一辆载满西瓜的三轮摩托车闯红灯急速冲过来。49岁的乡村女教师李芳大声呼喊让孩子们避让，同时紧赶几步挡在了三轮车和学生之间。被她推开的4名学生仅受了轻伤，而她自己，却被撞飞到五六米宽的路对面，两天后永远离开了这个世界。

生死关头，她挡在了车和学生之间

最近两天，设在河南省信阳市浉河区董家河镇绿之风希望小学附近的灵堂，往来吊唁者络绎不绝。李芳生前的同事、素不相识的学生家长，闻讯纷纷赶来送她最后一程。

"我跟孩子说，不管将来走到哪，都不能忘记李老师。"学生家长姚忠玲难以平复激动的情绪，她的孩子就是被李芳推开的学生之

▶ 绿之风希望小学

一。她说:"在危急时刻用自己的生命保护学生,这样的老师令人肃然起敬。"

6月11日下午,像往常一样,绿之风希望小学的学生们在几名老师的护送下回家。经过一个红绿灯路口时,一辆载满西瓜的三轮摩托车闯红灯冲向人群。那恰好是一段下坡路,三轮车也毫无刹车迹象,车速极快。

"当时学生还没完全通过路口,情况很危急,李老师猛地冲上去挡在了车前。"一名学生家长张建目睹了事发经过,现在想起来还心有余悸。他表示,和李芳老师并不熟悉,但这一幕深深地震撼了他。

被李芳推开的4名学生中,有3名仅受了皮外伤,简单救治后就回家了,还有1名学生头部缝了6针,在医院静养。而49岁的李芳当场昏迷,事后诊断为脑部颅骨骨折、脑干出血,6月13日凌晨4时40

分,因抢救无效死亡。

无须荣誉奖项见证的人性光辉

"用自己的血肉之躯为学生筑起了一道安全屏障""不知道有多少老师在偷偷爱着你的孩子""师者,父母心也"……李芳的事迹赢得网友的一致敬意,人们纷纷对这位普通而伟大的乡村女教师表达怀念之情。

身为同行的濮阳油田第十四小学老师贾彤表示:"认真读了李老师的事迹,我发现就是像她这样千千万万的一线老师,撑起了中国教育的'大厦'。"

出生于1969年的李芳,20岁从信阳师范学校毕业后就被分配到一所农村小学——黄龙寺小学任教,后来调至绿之风希望小学。近30年来,她一直坚守在基层教育一线,深受同事和家长好评。

就在以身挡车事件发生前几个小时,热诚善良的她还在帮同事化解矛盾。当时,一名学生在跑去厕所途中摔倒了,额头上划破一道口子,家长非要找班主任理论。为了不让矛盾激化,李芳多次进行沟通,终于安抚了家长。

动人事迹赢得网友敬意

"是什么力量促使一名女教师做出舍己救人的选择?我相信是善良的本性、教师的本能。"当地政府工作人员刘传箱表示。

也正是蕴含在普通教师身上的人性的光辉,让人看到希望,感到温暖。"李芳老师让我们重新正视教师这个职业的高尚之处。"网友

"逆风飞扬"表示。

网友"明天的明天"认为,除了父母,能用生命来守护自己的寥寥无几,李芳让他想起了许多曾带给他温暖和激励的老师。他觉得,自己欠老师们一句感谢。

李芳的事迹也引起了教师群体的共鸣,他们为有这样的同行自豪,更以此鞭策自己心怀宽厚仁爱之心育人。

网友"晓风习习"说,身为同行,被李老师的事迹感动,希望社会对老师给予理解和尊重,因为像李老师这样把青春献给教育事业的教师还有很多,他们都有一颗真诚育人的心。

新华社"中国网事"记者　双瑞

原载于新华网 2018 年 6 月 15 日

"她用生命完成了最后一堂课"

"要不是李老师推开孩子们,后果不堪设想"

事发太突然,周围的人还没反应过来,失控的三轮车就冲过来了。就在一瞬间,李芳老师呼喊着推开了4个孩子,挺身护在孩子们身前。三轮车没有减速,撞倒了李芳老师后,又向前冲了很远……从交通监控里,交警看到了当时的惊心一幕。

6月11日17时51分,河南信阳市浉河区董家河镇绿之风希望小学校门外50米的红绿灯路口处,老师们正护送放学的孩子依次过马路,二年级的语文老师李芳也在其中,一切就这样发生了,令人猝不及防。

当时在现场的五年级学生小曹说,事发时有4名同学正走在斑马线上,走到一半时,小曹突然听到一声大喊。"李老师让孩子们快点走,我看见李老师推开了那4名同学,自己却挡在了前面。飞驰的三轮车从她身上撞过去,并连带剐倒了那4名同学。"

▶ 李芳（右一）在看望贫困学生

据了解，那是一辆装满西瓜的三轮摩托车，没有牌照，从高坡上冲下来，刹车已经失灵。另一位张姓老师也在现场，她听见在背后护队的李老师大声呼喊，接着就是一声巨响，李芳老师被撞得躺在地上，4个孩子也被剐倒了。孩子们吓得哭起来，张老师冲过去抢救，李老师已经不省人事。

"要不是李老师推开孩子们，后果不堪设想。"一位在场的家长说，"三轮车惯性好大，撞了李老师后又冲了很远，车头撞上三层台阶后才停住。"

"李老师再也不会回到讲台了，我们想她"

"经过诊治，4名同学的伤都没有大碍了。"据信阳市中心医院的一位医生介绍，其中3个孩子属于轻外伤，已经回家，还有1个孩子的

▶ 李芳老师走了，二（3）班的教室里，少了那张带着甜甜笑容的脸庞

头部缝了6针，但神志清醒。

据了解，李芳老师被紧急送往一五四医院后，经检查诊断，确定为脑部颅骨骨折，脑组织大面积出血。转至信阳市中心医院后，医院紧急联系了武汉协和医院、武汉同济医院的多位专家远程会诊。医护人员经过一天两夜的奋力抢救后，仍然没能挽救李老师的生命。6月13日凌晨4时40分，李老师平静地离开了。

绿之风希望小学是一所位置相对偏僻的乡村希望小学，由于学校撤并等原因，李芳老师几年前来到这里工作。至此，她在乡村小学工作已近30年了。13日清晨，消息传回学校，老师和孩子们一片哭声："李老师再也不会出现在校园，不会回到讲台了，我们想她。"

据介绍，前一周，李老师刚刚度过49岁生日。她是农家的女儿，20岁从信阳师范学校毕业，正式成为一名乡村教师，从最初分配的黄龙寺小学,到撤校后来到绿之风希望小学任教至今,默默耕耘近30年。作为一名优秀的共产党员,生死的一瞬间,她把生的希望留给了孩子们。

14日,祭奠李老师的灵堂内,不断有周围的乡亲和附近的学生家长前来送行。

"她永远是我们心目中的最美老师"

"得知她用自己的身体去阻挡冲向学生的失控三轮车,我们一点也没觉得奇怪,因为她就是这样一个人。"在绿之风希望小学的教师公寓,与李芳老师生前同住一室的郝翠玲老师哽咽着说,"只是万万没有想到,她这次的选择,却成为我们之间的永别。"

李老师住的单间双人宿舍,条件虽简陋,但被她精心装饰得无比温馨:她的床铺悬挂着蚊帐,衣物叠放得整整齐齐,窗外还有她培育的绿植……

在绿之风希望小学的教务处,李老师生前教过的二年级三班学生李星月,正在用稚嫩的小手工工整整地写着给李老师的悼念词:"老师,我还记得您刚接手我们班时,您办公室还在那边教学楼二楼。有一次下大雨,我交作业时把头发都淋湿了。您知道这件事后,特意把办公室搬到了一楼我们教室楼下。从那以后,我交作业再也不用淋雨和晒太阳了。作为您的语文课代表,您对我要求总是很严厉,可又总是怕我累着,还特意为我配备了一名小助手张泳芳。老师,谢谢您总为我们考虑。"

李芳的丈夫代业明是国家电网信阳供电公司变电检修公司电气试验一班成员、共产党员服务队队员。结婚以来,夫妻长期两地分居,但感情始终很好。独生女代雨辰是信阳明港公安分局的一名辅警。一家三口在三个不同的地方默默地支持着彼此的工作，只有在周末不忙的时候，三口之家才能迎来短暂的相聚。这个周末，本是女儿参加邻省湖北广水公务员面试的时间，李芳本已答应陪笔试第一名的女儿一同前往。可如今，母女二人已天人永隔。

李芳家邻屋一个抱着孩子的老大妈走过来，泪眼婆娑地说："那天上午，她还带了几个韭菜包子给我小孙子吃呢……多好的老师呀，怎么就这样说走就走了呢！"

"她用抉择教给了学生最后一道题，她用生命完成了最后一堂课，她永远是我们心目中的最美老师！"信阳市委副书记刘国栋说。

记者　王汉超　吴炳辉
原载于《人民日报》2018年6月15日

危急关头用身体挡住学生重伤殉职——
李芳老师的最美抉择

近两天来,一则小学老师在危急关头用身体挡住学生的消息,在河南教育界刷爆了朋友圈。

6月11日17点30分,河南信阳浉河区董家河镇绿之风希望小学正常放学。二年级语文老师李芳随队护送学生从校门自西向东回家,途中经过有一个红绿灯的十字路口(距学校50米),协助护送学生安全通过路口。

17点51分左右,护路队行至红绿灯路口,学生按绿灯指示有序通过。突然,一辆装满西瓜的深红色无牌照三轮摩托车自北向南闯红灯向护路队急速驶来,且毫无刹车迹象。情况万分紧急,李芳老师一边大声呼叫学生避让,一边冲上前去用自己的身体挡住学生,并奋力将学生推开。不幸的是,李芳老师被三轮摩托车严重撞击,倒地昏迷不起,另有4名学生受伤。

18点30分左右，受伤的师生被送到一五四医院。经医院检查初步诊断，4名被李芳老师救护的学生暂无大碍。随后，4名学生被转移至提前联系好的市中心医院做了进一步诊断。李芳老师经一五四医院CT检查，被诊断为脑部颅骨骨折、脑组织大面积出血。院方建议进行手术，在征求李芳老师家属意见后，李芳老师于20点被转至市中心医院。经市中心医院专家检查，李芳老师被诊断为脑干出血，但不宜进行手术，只能做支持治疗和观察。为进一步做好治疗工作，李芳老师的CT检查报告被传至武汉协和医院和武汉同济医院，医生进行了专家会诊，认为李芳老师的身体状况不适宜长途转院进行手术治疗。医护人员经过奋力抢救，还是未能挽救李芳老师的生命，李芳老师于6月13日因公殉职。

李芳，女，1969年5月出生，1989年毕业于信阳师范学校，后被分配至黄龙寺小学、谢畈小学，谢畈小学撤校后被分配至绿之风希望小学任教至今。

6月14日，在河南信阳浉河区董家河镇绿之风希望小学的教师公寓209房间，与李芳老师生前同居一室的郝翠玲老师红着眼圈哽咽着说："李老师平日是一个最爱美的人，我们都爱叫她'老美女'，她也很乐意有这个'美名'。尽管上周二她和我们一起度过了自己49岁的生日，但在我们眼中，她就是我们学校最美的'老美女'！得知她在三轮车失控冲向学生时，选择用自己的身体去阻挡的消息，我们一点儿也没有觉得奇怪，因为她就是一个肯定会这样选择的人。万万没想到，她这次最美的选择，却成为留给我们最后的美。"说着说着，郝老师已经泣不成声。

一个单间的双人宿舍，条件虽然简陋，但被李芳老师精心装饰得无比温馨。靠里的是李芳老师的床铺，悬挂着半挑空的花色蚊帐，衣物叠放得整整齐齐。窗外，五六个用各种饮料瓶改造的形态各异的花瓶里，李老师培育的玻璃翠已经长出长长的一串了。

邻屋一个抱着孩子的老大妈走过来，泪眼婆娑地指着窗台上的玻璃翠说："可怜呀，就是那天早晨（李芳老师救学生的 6 月 11 日），李老师还高兴地对我说：'婆婆你看，这些玻璃翠都是我从小指甲那么大一点点培养成的。'那天中午她还带了几个韭菜包子给我的小孙子吃。每天见我们，都要逗逗我的小孙子，不是带这就是带那的，多好的一个老师呀，怎么就这样说走就走了呢。"

在我们采访结束，快要离开教师公寓大门的时候，看门的老妈妈拉着我们要名片，说要给我们讲好多好多关于李老师的故事，眼神中带着恳切，激动得双手颤抖。可当我们架好镜头，老妈妈早已经哭泣得不能自已。她摆摆手，还是哽咽得难以出声。旁边的老师说，老妈妈这几天每个夜晚都是要等到很晚很晚还舍不得锁门，她一直在等，等善良如闺女一般的李老师回来。

在绿之风希望小学的教务处，李芳老师生前教过的二年级三班学生李星月正在用稚嫩的小手工工整整地书写怀念李老师的悼念词："老师，我还记得您刚接手我们班时，您办公室还在那边教学楼二楼。有一次下大雨，我交作业时把头发都淋湿了。您知道这件事后，特意把办公室搬到了一楼我们教室楼下。从那以后，我交作业再也不用淋雨和晒太阳了。作为您的语文课代表，您对我要求总是很严厉，可又总是怕我累着，还特意为我配备了一名小助手张泳芳。老师，谢谢您总为我们考虑。"

　　李芳一家三口,丈夫代业明是国家电网信阳供电公司变电检修公司电气试验一班成员、共产党员服务队队员。结婚以来,夫妻长期两地分居,但感情始终如一。独生女代雨辰在信阳明港公安分局工作(辅警)。一家三口在三个地方,在不同的岗位默默地支持着彼此的工作,只有到了周末,三口之家才能短暂相聚。这个周末,本是女儿参加邻省湖北广水公务员面试的时间,李芳老师本已经答应笔试取得第一名佳绩的女儿一同前往。可就在6月11日17点51分,在那个李芳老师曾无数次穿梭来往、接送学生的十字路口,也在自己人生的最后一个红绿灯路口,李芳老师选择了用自己如花一样美丽的生命,护送孩子们安全前行。

　　正像信阳市委副书记刘国栋听到李芳老师事迹后所说的:"她用抉择教给了学生最后一道题,她用生命完成了最后一堂课,她永远是我们心目中的最美老师!"

记者　王胜昔　　通讯员　吴炳辉
原载于《光明日报》2018年6月15日

超越生命的大爱
——追记为救学生而献出生命的河南乡村女教师李芳

这两天,"李芳"这个寻常的名字传遍了网络,传遍了大江南北。

如同她的名字一般,她用 29 年辛勤播撒,留下桃李芬芳。

她扎根农村学校,只因对孩子们那份深沉的爱。

若问她对学生的爱有多深,在失控三轮车冲向孩子们的那一刻,她用牺牲自我的选择,给出了她的回答:胜过生命!她的奋力一推,让无数人红了眼眶;她用柔弱的身躯,书写了师者的大爱无疆。

李芳,这个名字已深深地刻在中原大地,刻在人们的心上。

6 月 14 日,记者走进李芳生前任教的河南省信阳市浉河区董家河镇绿之风希望小学,寻找学生、家长、同事们记忆中的李芳,寻找这个柔弱教师伟大壮举的源头。

伟大的一瞬

教师这个职业本身是普通的,但是,那一瞬间,她所做出的决定和行为是如此伟大

6月11日,一个寻常的周一。17:30,李芳带着学生们从三楼教室下楼,迎面碰上了学校党支部书记张涛。在跟张涛打完招呼后,她就带着学生们去操场排队,准备护送孩子们回家。可让张涛没想到的是,这竟成了他见李芳的最后一面。

20多分钟后,张涛还未处理完学校的事务,就接到学校老师的报告:李老师为救学生出事了!张涛脑袋"嗡"的一下,赶快往事故现场跑去……

事故现场就在学校大门往东50米处的十字路口。和往常一样,李芳在前面带队领着孩子们通过路口,其他老师在后面督促学生抓紧时间过马路。

绿灯亮了!当李芳和孩子们快要走到马路对面的时候,突然,一辆装满西瓜的深红色三轮摩托车自北向南冲来,在下坡路段越来越快。

"快跑开,刹车失灵了!"三轮车司机大喊。

"有车,快躲开!"在这短短的几秒钟内,李芳一边呼喊一边冲上前去挡在学生面前,并奋力推开受到惊吓的学生,而她自己却来不及躲开迎面冲来的三轮车。

"我听到'砰'的一声巨响,就看到4个孩子倒在地上,李老师被撞到了距离学生倒地十多米远的地方。"和李芳一起护送学生的教师陈燕目睹了这场意外,"无论我怎么喊,她都没能再睁开眼。"

▶ 李芳老师用过的办公桌和批改过的学生作业

4名孩子得救了,李芳却因伤势严重,于6月13日凌晨4点多医治无效,英勇牺牲。

冒着生命危险挡在学生身前的李芳生前却是个胆小的人。"去医院打针她都害怕,看到虫子都会大叫。"李芳的一位好朋友说,"在推开学生的那一瞬间,她一定是下意识的,是切切实实地把学生当成了自己的孩子,要不然她不会这么勇敢。"

教师这个职业本身是普通的,但是,那一瞬间,李芳所做出的决定和行为是如此伟大。

"希望孩子未来不管走到哪,都不要忘记李老师,要永远记得他是李老师的学生,是李老师救了他。"一(1)班的湛晟坤是4名孩子中受伤相对较重的一个,他的母亲姚忠玲在接受记者电话采访时情绪有些激动,数度哽咽。

平凡的 29 年

尽管身处平凡的岗位，29 年来，她时刻不忘作为一名共产党员的初心，牢记使命，立德树人

"工作 29 年来，她在教师这个平凡的岗位上，时刻不忘一名共产党员的初心，牢记使命，立德树人，是教师党员中的优秀代表。"浉河区教体局党组书记、局长殷世明如此评价李芳的教师生涯。

1989 年，李芳从信阳师范学校毕业后，便一直坚守在农村小学的讲台上，先是在偏远的黄龙寺小学、谢畈小学，后来由于学校撤并等原因，来到绿之风希望小学任教。

李芳的同事兰思武，是李芳从初中到师范学校的同学。参加工作之初，两人又一起被分配到了黄龙寺小学任教。兰思武记得，李芳在上学时就是一名特别优秀的学生，智商和情商都很高。"本来想，毕业后她会有别的选择，没想到她会到偏僻的农村小学一干就是这么多年。"

爱学生、真诚而乐于助人，是同事们对李芳的一致评价。

老教师王奎远得知李芳去世的消息后脑子一直很乱，茶饭不思，想整理李芳的事迹材料，落笔许久又不知道自己都写了些什么。

"在教育教学工作中，她有自己独特的方法，注重对学生的思想品德教育和人格的培养，用爱心抚育每一个孩子。她对所教学生的家庭情况、性格、爱好都了如指掌，学生遇到困难都愿意向她倾诉，包括家庭困难，她总是尽心地去安抚并帮忙解决。"王奎远说，李芳在业务上对自己要求极其严格，不断学习，丰富和完善教学方法，为的是让孩子

们在快乐中学习。

"李芳是个热心人,许多实习教师都愿意拜她为师,她也总是不厌其烦地教他们怎么上课,怎么克服心理障碍,怎么提高学生的学习热情。"王奎远说。

与李芳搭班的数学教师罗银森对此感触极深。"我跟李芳老师都是2015年来学校的,我是新教师,她是老教师,我俩从去年开始一起带这个班。"罗银森说,"我刚开始当班主任带这个班的时候,找不到方法,李老师就主动向我传授经验,教我怎么管理班级。"

今年学校举办庆"六一"活动,罗银森带的班被分配了表演朗诵的任务,可教数学的罗银森对朗诵一窍不通,发现罗银森犯了难,李芳二话不说就揽下了带全班练习朗诵的任务。

同事们舍不得李芳,学生们更是不愿相信老师已经离去的残酷现实。

"希望能有一个一模一样的李老师来给我们上课。"从这朴素的话语中可见学生们对李芳的依恋之情。

"我之前经常不完成作业,在李老师的帮助下,我改掉了坏毛病。我现在非常想念李老师,希望她还能回来给我们上课!"学生曹田想哭着说。

"李老师是一个特别有耐心的人,每当我们不懂时,她总会一遍又一遍地教我们;李老师还是一个乐于助人的人,总会在我们需要帮助的时候出现在我们的身旁,好像她能看出来我们每个同学遇到的困难一样;李老师还是一个勇敢坚强的人,她敢于冒着生命危险去救学生,当时她一定在想:要保护好他们!"学生唐一涵以自己的理解描述李芳在救人一瞬间的心理活动。

闪光的一生

她就是这样一个自始至终爱美的人，这一次，生死关头，她的奋力一推定格成生命中最美的画面

这个周末，李芳原本答应陪女儿参加公务员面试，可是她却要爽约了。她的生命定格在了6月11日下午5点51分，在那个曾无数次穿梭来往、护送学生的十字路口。

就在事发前几个小时，李芳还在帮学校的一位年轻班主任处理家校矛盾。"谁想到就两节课没见，还没有当面好好说声谢谢就……"这位年轻的班主任叫陈静，她红着眼圈哽咽着说，"李老师跟我妈妈年龄差不多，平时她从家回来有什么好吃的总会给我带一些，她知道我们这些小年轻出门在外不容易。"

事发前一周，李芳刚刚过完49岁生日。"李老师平日是一个爱美的人，我们私下都爱叫她'老美女'。万万没有想到的是，她这次最美的选择，却成为留给我们最后的美！"与李芳生前同住一室的同事郝翠玲早已泣不成声。

"有车，快走开！"这是李芳留下的最后一句话。她就这样永远离开了她牵挂的学生和牵挂她的亲人朋友，走完了自己闪光的一生。

河南省人大常委会副主任、信阳市委书记乔新江在第一时间做出批示："李芳老师不幸因公殉职，令人悲痛和惋惜，特致深切哀悼，并向其家属表示慰问。浉河区和市卫生、教育部门要全力以赴做好受伤学生的救护治疗工作。"

6月13日下午,受乔新江委托,信阳市委常委、宣传部部长曹新博看望慰问了李芳的家属。曹新博表示,李芳的英勇事迹充分彰显了当代人民教师的道德高度,她是人民教师的楷模,是践行社会主义核心价值观的典范。

采访结束这一刻,记者找到了李芳英雄壮举的动力之源。

那就是,对学生毫无保留的爱,不计回报的爱。

记者 张利军 通讯员 庞珂
原载于《中国教育报》2018年6月15日

教育部教师工作司负责人赴河南信阳慰问李芳家属

今天下午,受教育部党组书记、部长陈宝生委托,教育部教师工作司相关负责人赴河南信阳,悼念以身挡车救学生而英勇牺牲的河南省信阳市浉河区董家河镇绿之风希望小学教师李芳,并看望慰问其家属。

教师工作司相关负责人表示,李芳老师6月11日在护送学生放学途中,当危险发生时,挺身而出,为救学生献出了宝贵的生命,向全社会展示了广大人民教师的正能量。李芳老师之所以能够这么做,就在于她具有习近平总书记提出的"四有"好老师的基本素质。李芳扎根乡村学校29年,深受学生爱戴、家长尊敬、学校认可,是全国中小学教师的杰出代表,是乡村教师的一面旗帜。

目前,全国有中小学教师1100万左右,在他们当中,像李芳这样的好老师有千千万万。她在特定的时间里展现出来的对学生超越生命的大爱精神,值得大力弘扬和广泛学习。希望全国各级各类学校的老师都要向李芳学习,学习她坚守理想信念爱生如子的精神,学习她以德育人奉献事业的精神,学习她奋不顾身舍己救人的精神,扎实推进教育教学改革,在培养社会主义建设者和接班人的伟大事业中,做出新的更大的贡献。

记者　陈强　张利军　通讯员　庞珂
原载于《中国教育报》2018年6月16日

河南信阳勇救学生殉职教师李芳事迹感动各界
大爱无言　师魂永铸

"大爱无言，师魂永铸""道德楷模流芳千古，精神不死风范永存"……16日上午，河南信阳市浉河区董家河镇，因勇救学生殉职的李芳老师追悼会举行，4000多名群众自发前来送别李芳老师。一副副挽联倾注深情，一双双眼睛饱含悲痛。

11日下午，董家河镇绿之风希望小学老师李芳在护送学生回家途中，面对急速驶来的失控三轮摩托车，奋力将学生推开后，自己却挡在学生身前被撞倒。医护人员虽全力抢救，仍未能挽回她的生命。6月13日凌晨，李芳老师平静地离开了，终年49岁。

信阳市委追授李芳老师为"优秀共产党员"，并决定开展向李芳同志学习活动，信阳市政府追授李芳老师为"优秀人民教师"。教育部相关负责人也赶赴信阳，悼念李芳老师并慰问其家属。

16日一大早，乡亲们手捧鲜花从四面八方赶来，送李芳老师最后一程,送别的队伍蜿蜒数里。人群中有李芳老师生前的亲友、同事、学生,有闻讯赶来的父老乡亲,还有千里迢迢从北京、河北、安徽、广东等地赶来的人们。许多人与李芳老师素昧平生,都是看到李芳老师的事迹报道后,自发前来的。

"她用恪尽职守的优秀品质,谱写了一首忠诚敬业、立德树人的感人诗篇""我们和您心连着心,您未竟的事业我们将继续完成""李老师,您听见了吗,我们好想您啊""我一定要化悲痛为力量,不辜负妈妈的期望"……上午9时,参加追悼会的全体人员默哀3分钟后,浉河区委书记翟晓宾、李芳老师生前同事李燕、学生胡诗怡以及李芳女儿代雨辰分别致悼词或发言,现场不少人落泪。

"在生死关头,你用身躯把死神阻挡,你给学生生的希望。你是新时代光辉的榜样,为人师表大爱无疆……"伴着专门为李芳老师创作的《为人师表 大爱无疆》的歌曲,人们目送灵车离开。

"是什么力量促使一名普通的乡村女教师在危难面前舍身保护学生?"信阳师范学院新闻中心主任朱四倍说,"这不是一道选择题,甚至容不得有丝毫的迟疑和犹豫,恰恰是李芳老师长期对学生无私的关心、贴心的呵护,才催生了这一壮举。"

6月15日,本报要闻六版头条刊发李芳老师事迹报道《她用生命完成了最后一堂课》,引发强烈反响。该报道被人民网、新华网、新浪网、澎湃新闻等各大门户网站、新闻客户端迅速转载。在人民网、人民日报"两微一端"上,连日来,网友纷纷留言,对李芳老师表示哀悼。

记者 王汉超

原载于《人民日报》2018年6月17日

河南信阳市千名群众含泪参加因公殉职女教师李芳的追悼会

据中国之声《新闻和报纸摘要》报道,昨天(16日)上午,河南信阳市千名群众含泪参加女教师李芳的追悼会。本月11日,李芳舍身保护学生,自己则被失控三轮摩托车撞倒不幸殉职。

"今天我们在这里隆重举行追悼大会,沉痛悼念因公殉职的人民教师李芳同志,以此寄托我们的哀思……"

来悼念并送别李芳老师的,除了她的学生和学生家长,还有很多本与她素不相识的市民。

市民:"我们都非常感动,所以我们都是自发地过来,来亲眼见一见。""我很喜欢李芳老师,我不想让李芳老师走,我想让她回来……"

6月11日下午将近6点,李芳和往常一样,随队护送学生离校返家。经过一个十字路口,一辆三轮摩托车突然闯红灯向学生冲来。

现场目击学生曹佳星回忆说:"老师看见了,跑过去给学生推开,叫他们走,老师自己被撞了……"

▶ 送别李芳老师

一边大声呼叫学生避让，一边冲上前用自己的身体保护学生，李芳在生死时刻做了这样的选择。她奋力将学生推开，自己却被三轮摩托车撞倒，当即昏迷。

经医院检查，李芳颅骨骨折、脑组织大面积出血。医护人员奋力抢救，依然没能挽救她的生命。6月13日凌晨，她永远地离开了挚爱的三尺讲台，离开了她用生命守护的学生。

学生家长杨贺："如果老师不救这4个小孩，我女儿就不会健康地站在我身边，老师很伟大，真的！"

49岁的李芳，是信阳市绿之风希望小学的老师，在乡村当教师已近30年，是一名共产党员。

河南台记者　辛鹏　　信阳台记者　任潇
原载于央广网 2018 年 6 月 17 日

以身挡车救学生英勇牺牲，近5000社会各界人士送行——
李老师，请让我再看您一眼

车云山含悲，南湾湖流泪。

6月16日上午，花圈似海，挽联如潮，哀乐低回，千人泪垂。

在河南省信阳市浉河区董家河这个小镇上，近5000人的送行队伍把灵堂前一公里多的道路挤得水泄不通。他们都是来为以身挡车救学生而英勇牺牲的绿之风希望小学教师李芳送行。

参加追悼会的学生代表每人手捧一束鲜花来送别李芳老师。李芳老师母校——信阳师范学校的校友代表也来送她最后一程，并在现场拉起"沉痛悼念英雄　李芳同学一路走好"的横幅。

李芳老师，您看到了吗？各级党委、政府的领导干部来了，您认识和不认识的老师、教过和没教过的学生们来了，十里八村的乡亲们来了，您母校的老师和同学来了，您那天舍命救下的4个孩子也来了……

▶ 李芳老师学生代表、董家河镇绿之风希望小学二(3)班学生胡诗怡发言

"李老师,我是您的学生胡诗怡啊!那天我们听说您住院了,情况危急,我们很担心,写了很多贺卡,祝您早日康复,希望您能早日回来再教我们。可是贺卡还没来得及送给您,就听说您去世了。当时我们很多人都哭了,眼睛都哭肿了。"您二(3)班的学生胡诗怡,是不是还像以前那么乖巧懂事?

"工作中,您严谨认真,是我们学习的榜样;生活中,您热情开朗,是可亲可敬的知心姐姐。每当工作中遇到困难,生活中有了委屈,您总能用微笑帮我化解一切。如今,您走了,走得是那么匆忙,但我相信您不会孤独,因为我们和您心连着心,您未竟的事业,我们将继续完成!"与您相识二十多年的同事赵燕对您说。

"李芳,你还记得吗?上初中那会儿咱俩前后桌,你坐我前面,成绩也总在我前面,还记得那时,你在各种竞赛中经常获奖,一直是我们学习的榜样。你总说,抽空咱们要好好聚聚,今天,老同学都回来了,你却爽约了……"您的初中同学张继忠说。

"那天下午你救学生,我看到了。虽然我不认识你,但我知道你一定是个好老师!今天我来看看你、送送你……"一位老人因挤不到您的跟前,手抹眼泪不住地张望。

"妈妈,您是我心里最美丽最乐观的那个人,是您教给了我勇敢包容,是您教会了我积极面对人生。在今后的人生中,我一定化悲痛为力量,照顾好爸爸,乐观生活,积极向上,绝不辜负您的期望!"您的女儿代雨辰说,现在您是她的骄傲,将来她也要成为您的骄傲。

"仰望您的容颜,泪水止不住地流淌,伟大崇高的精神,千万人在传扬。啊,李芳,亲爱的老师,在生死关头,你用身躯把死神阻挡,你给学生生的希望,你是新时代光辉的榜样……"一位和您素不相识的老作曲家也来为您送行,他专门为您创作了歌曲《为人师表大爱无疆》,老师和同学们通过深情演绎,唱出了对您的赞美和对您精神的弘扬。

"您将人生中最美好的年华全部奉献给了党的教育事业,您用舍己救人的英雄壮举践行了共产党员的铮铮誓言,您用勇敢无畏的献身精神锻铸了人民教师的不朽师魂。您虽然离开了我们,但您的音容笑貌将永远印刻在我们的脑海中;您爱生如子、舍己救人、大爱无疆的精神将永远铭记在我们的心中;您立足岗位、敢于担当、奋发有为的情怀将永远激励着我们。您的奉献精神,您的敬业风范,必将成为我们学习的典范,成为我们精神的动力!"信阳市浉河区委书记翟晓宾说。

▶ 送别现场人山人海，送别队伍蜿蜒数百米

如今，信阳市委已经决定在全市开展向李芳同志学习的活动，并追授她为"信阳市优秀共产党员"，市政府也追授她为"优秀人民教师"。

"让我再看您一眼，我要把您记在心间！"李芳老师，今天请让我们再看您一眼吧。近5000人的泪光中，闪烁着对您的无限敬仰和依依不舍。一个向您学习的热潮正在掀起，一股树立崇高师德、努力教书育人的力量正在聚集。

李芳老师，请走好，请安息。

记者　陈强　张利军　　通讯员　庞珂
原载于《中国教育报》2018年6月17日

那是青春吐芳华
——母校同学、老师追忆李芳

"世上有朵美丽的花,那是青春吐芳华……"6月20日上午,一场以"桃李芳华,追思校友"为主题的座谈会,在信阳师范学校(现信阳职业技术学院)老校址举行。该校86级2班的十几名同学与他们当年的老师,共同追思这位以身挡车救学生而牺牲的英雄校友——河南省信阳市浉河区董家河镇绿之风希望小学教师李芳。

"李芳——桃李芬芳。这虽然是姓名与职业的巧合,却注定是生命与师魂的永铸。"在座谈会召开前,信阳职业技术学院副院长郭克明向记者感慨道,"李芳这个名字,将永远铭刻在她母校的史册上。"

信阳师范学校老校址位于浉河区申城大道,如今已成了信阳市第一高级中学所在地。随师生们走进校园,当年李芳他们上课的工字楼还保存完好。"那就是我们读一年级时的教室。"86级2班辅导员袁守格和几个同学,不约而同地指着位于二楼一隅的教室告诉记者。

1986年9月1日，一群来自四面八方的农村孩子相聚在了信阳师范学校86级普师2班这间普通的教室。

"31个男生，15个女生。"来自罗山县城关小学的女教师尤玉兰对当时入学的情况记忆犹新。"开学第一天我第一个认识的便是李芳。她性格温和，善解人意，我从未发现她烦恼忧愁过……"尤玉兰说。

熊可书，李芳中师（中等师范学校简称）二年级的语文基础知识课老师，至今还保存着他们当年的成绩册。拿出这本保存完好的成绩册，熊可书翻到其中一页。这张已经发黄的成绩单显示：李芳，平时成绩考核18分（最高分20分），期中考试成绩91分，期末考试成绩92分，全班第4名。

袁守格说："当时能考上我们学校的学生，都是在各乡成绩非常出色的。而从李芳的成绩来看，说她是佼佼者中的佼佼者也不为过。"

座谈中，浉河区柳林中心校教师李涛还提到一件小事：班里的同学绝大多数来自农村，家庭比较贫困，很少有零花钱，有的男生饭量大，每个月的饭票不够，李芳就经常把自己省下来的饭票给他们。像这样帮助同学的事情，李芳做得太多太多了。

提到李芳，新县宏桥小学教师汪敬荣悲痛中似乎还带着一丝懊恼。"中间，我几次劝过李芳调回城里教学，特别是她女儿在平桥上学那几年，但她思考再三都没同意。"汪敬荣顿了一下，接着说，"可话说回来，假如她再遇到这样的危急情况，我相信，李芳一定还是会做这样的选择，她就是这样一个人……"

"3年的信阳师范学校生活，李芳给我们留下了宝贵的精神财富。

有没有她今天救学生这个壮举,她都一直是我们的骄傲!这辈子我们同学没做够,来生我们还要做同窗……"

这是同学们的心声。李芳老师,您听到了吗?

记者张利军　陈强　　通讯员　吴松超　黄文卫

原载于《中国教育报》2018年6月22日

保护学生重伤殉职

李芳被追授为"全国优秀教师"

近日,河南信阳女教师李芳舍身保护学生被撞身亡的事迹感动着社会各界(6月15日本报以《危急关头用身体挡住学生重伤殉职——李芳老师的最美抉择》为题,对此事进行了详细报道)。21日,记者了解到,李芳老师被教育部追授为"全国优秀教师",河南省人社厅、河南省教育厅也追授她为"河南省优秀教师",教育部发出通知,在教育系统深入开展向李芳同志学习的活动。

李芳生前为信阳市浉河区董家河镇绿之风希望小学教师,她扎根山区近30年,默默耕耘,无私奉献,爱生如子,品德高尚,教学成绩突出。6月11日下午,李芳在护送学生离校返家经过十字路口时,一辆无牌照三轮摩托车闯红灯向学生急驰而来,李芳奋不顾身挡护学生,并奋力将学生推开,学生获救了,她本人却因遭受严重撞击,经抢救无效,于6月13日凌晨4时40分逝世。

▶ 央视网报道截图

在追授李芳为"全国优秀教师""河南省优秀教师"的同时,教育部和河南省教育厅也发出通知,在教育系统深入开展向李芳同志学习的活动,学习她舍己救人、见义勇为的献身精神;学习她对党忠诚、矢志不渝的理想信念;学习她恪尽职守、无私奉献的道德情操;学习她爱岗敬业、精益求精的职业操守;学习她爱生如子、倾心育人的大爱情怀。

记者 王胜昔　通讯员 吴炳辉
原载于《光明日报》2018 年 6 月 22 日

大别山下美丽的花

——追记勇救学生以身殉职的河南信阳女教师李芳

近日,在大别山腹地——河南省信阳市浉河区董家河镇的绿之风希望小学,一名女教师危急关头用身体挡住学生重伤殉职(6月15日本报以《危急关头用身体挡住学生重伤殉职——李芳老师的最美抉择》为题,对此事进行了报道),用自己年仅49岁的生命,再一次让浸润着红色基因的大别山精神传唱大江南北。

6月20日,李芳老师被教育部追授为"全国优秀教师",之后河南省人社厅、河南省教育厅也追授她为"河南省优秀教师"。教育部发出通知,在教育系统深入开展向李芳同志学习的活动。

大别山失去了一位美丽的英雄女儿,但大别山革命老区世代传承的红色精神和红色基因,却因李芳老师的离去而愈发凸显。

生死一瞬的最美抉择

时针回拨到十多天前。6月11日17时51分，一个如往常一样平静的傍晚，信阳市浉河区董家河镇绿之风希望小学校门前，列队整齐的学生在路队老师的带领下从不同的方向回家。二年级三班语文老师李芳是这一天的路队值日老师，负责护送由西向东回家的一路学生。出校门右转两百米，是一个不算繁忙的十字路口，为了安全起见，学校每天都安排老师在路队的头尾护送。那一天，大部分学生已经自西向东顺利通过了红绿灯十字路口，在绿灯还剩几秒的间隙，尚有4名学生正走在马路斑马线的中央。就在这时，由北向南的斜长陡坡上，一辆满载近400公斤西瓜的三轮摩托车突然失控冲向马路中央的4名学生。在这千钧一发之际，李芳老师眼见三轮车就要撞上斑马线上的4名学生，她没有一丝一毫的犹豫，一边大声呼喊着"快点，快点，车来了！"，一边以最快的速度冲向惊慌失措的4名学生。在李芳老师不顾一切猛力推开4名学生的刹那，失控飞驰的三轮车重重地撞倒了柔弱的李芳老师。

李芳老师被现场的老师和群众紧急送往解放军一五四医院，后又转至信阳市中心医院。李芳老师终因伤势过重，经一天两夜的全力抢救后因公殉职，永远离开了她所挚爱的讲台、学生和亲人。

扎根乡村30载，"芳"华流润山里娃

如同名字一般，李芳老师用近30年的辛勤播撒，留下桃李芬芳。其实，李芳老师以血肉之躯替学生挡住车辆这个伟大壮举的源头，是李芳老师优秀品格的长期涵养,是深入骨髓、融入血液的责任意识与担当,也是大别山红色基因在李芳老师身上的具体显现。

李芳老师1969年5月22日出生,1989年7月从信阳师范学校毕业后参加工作,1998年加入中国共产党,在董家河这个偏远乡镇从教近30年。

在李芳老师生前的办公桌上,学生们的《学习与巩固》手册和拼音本都已评改完毕,桌上一个水杯、几份教案、几本字典整洁有序地摆放着,一张标注有每周11堂语文课的课程表安放在桌角。

"从去年开始,我就跟李芳老师一起接这个班。这原本是同年级最差的一个班,不到一年时间,她硬是给带成了尖子班,上次语文考试,我们班整体成绩还拿了全年级第一。"罗银森是二年级三班的数学老师,也是班主任,上班不满三年的他说,经验丰富的李芳老师虽然是副班主任,却一直事无巨细地帮着自己管理班级。

罗银森介绍,出事那天中午,李芳老师还在和他商量怎样让孩子们过个有意义的暑假。下午放学时,他看到李芳老师在班门口准备组织学生们离校,李老师还朝他挥了挥手。李芳老师站在校园里的身影,成为定格在他脑海中的最后影像。

"今年儿童节,学校要我们班出节目,李老师为大家选择了诗词朗诵,随后精心为学生们挑衣服,带他们排练节目。后来,我们班演出的《六月的鲜花》备受好评。其实,她就像那六月的鲜花,永远绽放在我们的心中……"罗银森泪光闪烁。

一起教学十多年,吴发平对李芳最直观的评价是:她很美,见过她的人都很喜欢她。"作为乡村小学,我们学校的留守学生较多。李老师手机里存了很多留守学生父母的电话,一有空就为他们介绍孩子的情况。"吴发平告诉记者,"李老师在重症监护室的时候,学校的同事只要没课就会去医院看她,知道她没有生还希望的时候,我们都哭了。孩子们舍不得她,我们也舍不得她!"

三年级学生郝晨月是当日被李芳老师救下的孩子之一,右胳膊有明显伤疤。"要不是李老师,女儿现在就不会平安地站在我身边了。李老师真的太伟大了!"晨月妈妈杨贺说,女儿在医院的时候一直哭,回来以后也一直在哭……

李芳老师是学生心中的好老师,更是好朋友、好妈妈。去年冬天,她了解到本班一名学生何宏家境不好,连冬衣都没几件,她就给何宏买了件新棉衣。平时亲戚朋友有穿不上的衣服,她都收集来送给需要的学生。在她殉职以后,班里孩子依恋地说:"希望能有一个一模一样的李老师来给我们上课。"

爱岗敬业捧初心,言传身教饴后人

李芳老师不但对学生倾注了慈母般的爱,在同事面前也是一位好姐姐,在家庭中也是一位好妻子、好妈妈。"非常敬业""与人为善""特别爱笑"是她留给大家最深刻的印象。

工作中的李芳老师严格遵守学校的各项规章制度,注意处理好生活与工作之间的关系。学校离家虽然30多公里,但她从不缺课、迟到和早退。在女儿的记忆里,母亲对工作特别认真。小时候有一次她生病输液,母亲竟把她一个人留在诊所里,自己跑到学校上课去了。李芳的丈夫代业明说:"她平时就把学生看作自己的孩子,付出太多了。作为乡村小学老师,工作担子很重,但她从来都是笑着面对。面对危难,她能挺身而出,我一点都不意外。"

李芳老师是学校出了名的"热心肠",在办公室,她与同事相处融洽,对待同事热情大方。阳光开朗的性格、善良真诚的秉性让她乐于帮助身边的每个人。她家住在市区,每周一来学校、周五回家时,她的车上总会义务捎上几个同事;冬天天冷,她怕外地新来的年轻老师冻到,经常把自己的棉衣借给她们穿。许多实习教师和新教师都愿意拜她为师,她也总是不厌其烦地教他们怎么上课,怎么克服心理障碍,怎么提高学生的学习热情,怎么管理班级。就在事发前几小时,她还在热心地帮助同事化解矛盾:学校有一位学生小跑上厕所,滑倒了,额头上磕了一道口子,学生家长有怨言,李芳老师知道后,打了一圈儿电话,通过真诚的调解和沟通,化解了家长与老师之间的矛盾纠纷。

前段时间,李芳老师的独生女代雨辰以笔试第一名的成绩通过了公务员考试,正在备考面试。得知这个喜讯,李芳高兴得快要哭了。女儿深知,那是因为母亲近年来最大的愿望就是看到她的人生更加出彩。"现在刚快要完成妈妈第一个心愿,她就突然走了,她再也看不到我结婚了……"女儿说,"妈妈是为了教育事业,为了她挚爱的孩子。这次她面对生死毅然做出牺牲的选择,我为她骄傲,我今后也一定要成为她的自豪……"

繁星点点,点亮道德星空

正像李芳老师的微信名"繁星点点"一样,聚是一团火、散是满天星的大别山儿女在红色基因的浸润感染下,大别山精神代代传,奉献和忘我的精神已经融入了老区人的血脉。

"您用柔弱展示刚强／拿生命把学生遮挡／您没留下一句壮语／却生动地诠释了师者的担当／您是那么平凡／却又挺拔无双／您本不该离去／却又义无反顾地走向天堂……"连日来，李芳老师舍己救人的消息广泛流传，一首首展现李芳灿烂光辉和崇高价值的诗歌，一句句发自内心真情实感的评论，在网上掀起一轮又一轮舆论热潮。

"生命诚可贵，舍己救人高。此去无归程，唯见师德操。"这是信阳市第十三小学四(8)班学生为李芳老师所写悼文中的两句话。信阳市第十三小学开展了悼念李芳老师主题班会，班会上，老师们将报道李芳感人事迹的视频与文字展示给孩子们看，孩子们深受触动。

"一个模范就是一面旗帜。一个模范的一片芬芳，就能带动一方典型持久地绽放。"信阳市委常委、宣传部部长曹新博说，"李芳老师在关键时刻的生死抉择，是偶然也是必然，我们要把李芳老师的事迹进一步总结、宣传，在全社会进一步形成崇尚先进、见贤思齐的氛围，让社会主义核心价值观落地生根。"

大别含翠，长淮有情。李芳老师走了，但她的精神已化作丰碑，隐入青山，已凝作雨露，汇入江河；她绽放的芳华，将如同璀璨的夏花，不凋不败……

记者　王胜昔　　通讯员　吴炳辉

原载于《光明日报》2018年6月24日

"做一名像李芳老师那样的高尚师者"

河南教育系统掀起向李芳学习热潮

师德楷模,芳华绝代。连日来,信阳市浉河区董家河镇绿之风希望小学教师李芳的感人事迹在河南教育系统引起强烈反响,全省各级各类学校掀起了向李芳学习热潮。

濮阳市教育局局长朱世泽表示:"李芳老师在形势万分紧急的情况下,将个人安危置之度外,毅然冲上去用身体护住学生。这种生死抉择的背后,我们看到了李芳老师对'师德'的生动注解。李芳老师是千千万万个教师的杰出代表,她用生命诠释了一名教师的职责和荣光。"

"李芳老师不仅是河南教师敬业奉献、爱生如子的典型代表,也是新时代教师队伍整体形象的真实写照。"新乡市教育局党组书记、局长李修国动情地说,"她在生死关头奋力一推,把生的希望留给学生,把所有危险挡在自己身后,这是她师者大爱的集中爆发,是她高尚师德的最好体现。李芳老师的英雄事迹，一直在感动着我们、激励着我们，新乡市教育系统将通过各种形式学习李芳老师的崇高精神，不断锤炼师德修养，争做新时代'四有'好老师。"

"我要以实际行动向李芳老师学习，立足岗位，敬业奉献，不仅把教书育人作为第一责任，更要从点滴做起，以实际行动关爱学生、成就学生、奉献社会，做一名像李芳老师那样的高尚师者！"信阳市第一高级中学教师袁莉说。

连日来，信阳师范学院师生通过不同形式表达了对李芳老师的敬仰之情和哀悼之意。得知李芳老师被追授为"全国优秀教师""河南省优秀教师"后，信阳师范学院党委书记宋争辉表示，要进一步组织师生开展好学习活动，学习李芳老师对党忠诚、矢志不渝的理想信念，学习她恪尽职守、无私奉献的道德情操，学习她爱岗敬业、精益求精的职业操守。

"我们要以李芳老师为标杆和楷模，引领学校的校风学风。"该校学生张星说，看到李芳老师爱生如子的事迹后，他深受鼓舞和震撼，要以李芳老师为榜样，主动投身基层教育事业，为祖国的未来撑起一片天。

河南科技大学校长孔留安表示："李芳老师用超越生命的大爱谱写了一曲感人的教育赞歌，生动演绎了'学为人师，行为世范'的高尚师德，是新时代'四有'好老师的典范，也是每一位教育工作者学习的榜样。"据介绍，在前期通过校园网、官方微博、微信发布李芳老师的先进事迹基础上，该校目前已经下发学习通知，号召广大师生通过政治理论学习、座谈会、演讲比赛等形式，掀起向李芳老师学习的热潮。

"李芳老师用生命诠释了高贵师魂。"台前县教体局局长赵明启说,"作为革命老区和国家扶贫开发工作重点县,我们将按照教育部的通知要求,扎扎实实宣传好、学习好、弘扬好李芳老师的先进事迹,让英雄事迹内化于每一位教师心中,激励广大教师立足本职做好教书育人工作,并以李芳老师的崇高精神为引领,推进教育改革和脱贫攻坚等各项事业向前发展。"

记者 陈强 李见新

原载于《中国教育报》2018年6月25日

大爱感桑梓　师德昭后人
——追记河南省优秀共产党员、乡村教师李芳

29年前,她到农村学校任教,把自己当成一粒石子,为学生的成长铺路;

29年间,她从风华正茂到年近半百,从青春韶华到双鬓斑白,她用青春和热血谱写了一曲乡村教师之歌;

29年来,她一直不忘初心,扎根农村,默默耕耘,将所有的心血倾注在山区教育事业上,用一生的实际行动践行当初的诺言,用青春书写了美好年华,用生命给孩子们上完最后一课;

她就是河南省优秀共产党员、信阳市浉河区董家河镇绿之风希望小学教师李芳。

真正的师者,用生命诠释师德

"我自愿报考信阳师范学校,毕业后愿意到边、偏、远、穷山区任

教，一定服从组织分配！"1986年，李芳在报考定向志愿保证书上写下了这句话。1989年毕业后，她服从分配，到了位置偏远的黄龙寺小学，自此坚守在乡村小学教育一线。

时间推至2018年6月11日下午5点51分，李芳在护送学生放学回家途中，一辆满载西瓜的三轮摩托车突然失控冲向学生，在这生死攸关的危急时刻，她果断推开身边的4名学生。学生获救了，但年仅49岁的她却遭到严重撞击，因抢救无效于6月13日凌晨4点40分，永远地离开了她挚爱的三尺讲台。

现场目击学生曹佳星回忆："那辆车从左边很快开过来，李老师看见前一队同学还没走完，跑过去把同学们推开，自己就被撞了。""我们看到车来都慌了，是李老师一下把我们推开，没想到……"郝晨月是当日被李芳救下的学生之一。一说起李芳老师，郝晨月就眼泪汪汪。

6月16日上午，在董家河镇，灵堂内的李芳熟睡般安卧在鲜花丛中。灵堂外，教育部和河南省、信阳市的许多领导来了，从北京、河北、广东等全国各地赶回的学生来了，信阳师范学校的学弟学妹们来了，还有闻讯赶来的同事朋友、父老乡亲，4000多人把灵堂周围挤得严严实实，送别的队伍蜿蜒数公里。

"道德楷模流芳千古，精神不死风范永存""纸鹤寄哀思，师恩终难忘"……一条条饱含深情的横幅，一双双含泪的眼睛，透露的是大家对她的不舍。

6月30日，河南省委追授李芳同志"河南省优秀共产党员"称号，并决定在全省党员干部中开展向李芳同志学习的活动。

河南省人大常委会副主任、信阳市委书记乔新江说："李芳同志是信阳先进群体的杰出代表,是信阳的宝贵精神财富。在李芳同志身上,我们看到了'大别山精神'的红色传承,看到了'信阳好人现象'的生动诠释。"

爱生如子,为人师表树榜样

李芳在任教的29年里,始终把每一个学生看作自己的孩子,对他们倾注了慈母般的关爱。在教育教学工作中,她注重对学生进行思想品德教育和人格培养,用爱心抚育每一个孩子。

在谢畈小学任教时,有一名余姓的智障学生,家庭特别困难,李芳给予了他母亲般的关爱,冬天给他买棉袄棉裤,最终这名学生断断续续从嘴里吐出几个字:"谢……谢……您……真好!"

29年间,李芳前后资助了很多学生,她的哥哥姐姐曾对此不解。因在家排行老五,哥哥姐姐便给她起个外号叫"傻老五"。

绿之风希望小学是一所寄宿制学校,有时候寄宿生没钱回家了,李芳会掏钱给学生买车票,把学生安全送上车。李芳喜欢穿高跟鞋,可是每天中午到教室里看学生时,为了不影响学生午休,她会换上软底鞋。她注意用自己的言行去感染学生,让学生受到潜移默化的影响,在点滴言行中为学生做出榜样。

李芳也不断为年轻老师做教学表率。党的十九大召开后,李芳向学校建议:"习总书记提出文化自信,我们在教学中要把信阳的红色文化和传统文化融入教学中去,让孩子留住根才是教育的根本。"

同时,为培养学生的表达能力,李芳带着学生到郊外,自费买些橡皮、铅笔藏在草丛里,让找到的学生讲故事,深受学生们喜爱。

董家河镇干部高显介绍："从教学能力、教龄上，李芳老师是有机会调到市区工作的，但是她几十年如一日坚持在董家河工作。正如李芳老师经常所说'我对董家河感情深，对学生感情深，和同事感情深，都比较熟悉了，不愿意调走'。"

至诚善良，无私无畏闪光芒

"李老师教学经验丰富，经常教我们与家长沟通的方式、对学生的教育方式等，主动帮我们度过新老师的成长期。"毕倩倩是李芳一个办公室的同事，她说，"李老师联系贫困学生，经常资助学生，我们不是因为李老师以身殉职了才怀念她，我们真的是从内心觉得她是个好老师，值得我们学习。"

每一个与李芳相识的同事和邻居对她的评价都是温暖、温馨。董家河教师公寓楼里住了40多名老师，李芳的房间里有冰箱和电视，她总是采购一些水果和肉放在冰箱里，到了周末，她把钥匙交给邻居，让不回家的老师到她房间看电视，做好吃的。

2017年寒假前，信阳突降暴雪，几位家在外县的年轻老师不能赶回家，李芳把自己的棉袄拿给没回家的老师御寒，这些老师都感动地说："李芳老师像自己的妈妈一样，很暖人心。"

李芳的家庭和谐美满，她对自己的孩子总是严格要求，鼓励孩子一切靠自己。她曾对独生女代雨辰说："路是自己走出来的，自己要学会选择，妈妈只能为你引路，不能替你走路，人生之路还得你自己把握。"

"妈妈待人接物积极、乐观、向上，从小到大，我很多价值观的形成都得益于妈妈。"27岁的代雨辰很伤心地说着。

李芳的丈夫代业明说:"她平时就把学生看作自己的孩子,付出太多了。作为乡村小学老师,她工作担子很重,但她从来都是笑着面对。学生进步了,她就会打电话向他们的家长报喜。面对危难,她能挺身而出,我一点都不意外。"

三尺讲台,能树起高大形象;两尺教鞭,挥洒着无悔人生。李芳老师用舍己救人的英雄壮举,践行了一名共产党员的铮铮誓言;她用勇敢无畏的献身精神,锻铸了人民教师的不朽师魂;她用恪尽职守的优秀品质,谱写了一首忠诚敬业、立德树人的壮丽诗篇;她用不忘初心的高尚情操,诠释了对党忠诚、坚定不移、无私奉献、仁爱担当的大别山革命老区精神。

记者　张培奇　范亚旭

原载于《农民日报》2018年7月18日

引路，永恒的星光
——追记河南省信阳市乡村小学教师李芳的大爱人生

李芳走了，走得让人猝不及防。"有车，快走！"这是李芳留下的最后一句话。她用自己的血肉之躯，挡在死神与学生之间，将生命定格在伟大的瞬间。

是什么样的勇气，让一个人面对生死之危，毅然挺身而出？

是怎样深沉的爱，让一个人呕心沥血，甘愿化作护花的春泥？

李芳的英雄壮举背后，是一名人民教师的仁爱之心与无私奉献的精神。

现场

生死关头，她奋力一推，完成了生命的绝唱

2018年6月11日，本是一个寻常的周一。

下午五点半，河南省信阳市浉河区董家河镇，绿之风希望小学响

▶ 二年级三班

起了放学铃声。李芳像往常一样,带着学生从三楼下楼到操场排队,准备护送孩子们出校门。

绿之风希望小学大门往东50米有一个十字路口。虽然有红绿灯,但是为了保证学生安全,每天放学,学校都会派两名老师,一个在前、一个在后,站在两个交叉路口,引导学生过马路。

绿灯亮起,一排学生鱼贯而行。就在队伍最后的几个孩子走到马路中间的时候,一辆装满西瓜的深红色三轮摩托车冲了过来。三轮摩托车从将近400米远的下坡路上俯冲下来,越开越快。"快跑开,刹车失灵了!"三轮车司机大喊。

事情发生得太突然,周围人还没反应过来,失控的三轮车已经近在眼前。

就在一瞬间,李芳大吼一声:"有车,快走!"她一边呼喊一边冲向马路中间,一把推开了受到惊吓的几名学生。

只听"砰"的一声巨响,三轮车撞倒了李芳,接着又向前冲了很远,直到车头撞上路边的三层台阶,才晃晃悠悠地停住。

而此时路面上,4个孩子侧倒在一旁,李芳直挺挺地躺在距学生10米左右的地方。

"怎么样,受伤没有?"和李芳一起护送学生的陈燕老师赶忙先去查看学生的伤情,发现4名学生暂无大碍后,又转过来查看李芳的情况。

"李芳醒醒啊,李芳你怎么了,李芳你别吓我,李芳……"无论陈燕怎么喊,李芳都没有睁开眼睛。

事故发生后,受伤师生迅速被送往附近的医院救治。李芳被诊断为脑部颅骨骨折、脑组织大面积出血。当晚8点,李芳因病情严重,转至市中心医院。李芳的CT检查报告被送到武汉协和医院和武汉同济医院进行专家会诊。

奋力的抢救并没有留住李芳。6月13日凌晨4时40分,李芳因公殉职,年仅49岁。

追思

她英勇地走了,化作"繁星点点"照亮天空

草木含泪,大地悲鸣。

6月16日上午,董家河镇一个草木葱茏的山湾,李芳追悼会在举行。灵堂内的李芳,安详地静卧在鲜花丛中。

哀乐低回,众人泪垂。

近5000人的送行队伍，蜿蜒数公里，把灵堂前的道路挤得水泄不通。

送行的人群中，有李芳生前的亲友、同事、学生，有闻讯赶来的父老乡亲，还有许多素昧平生的人，他们听闻了李芳老师的事迹，千里迢迢从北京、河北、内蒙古、安徽、广东等地赶来。

"那天下午你救学生，我看到了。虽然我不认识你，但我知道你一定是个好老师！今天我来看看你、送送你……"一位老人挤在送行的人群中，手抹眼泪，不住地踮脚张望。

"李芳胆子小，怕黑，昨晚我们几个老同学在这，陪她最后一宿。"李芳的几个中师同学，彼此搀扶着，双眼熬得通红。

"道德楷模流芳千古，精神不死风范永存""纸鹤寄哀思，师恩终难忘""为人师表，大爱无疆"……一条条横幅、一副副挽联、一双双泪眼，都是大家对她的思念。

李芳走了，学生们想她。一个孩子在日记中写道："李老师，当您倒下的那一刻，我多么希望您的身体是铜墙铁壁铸成的，可以抵御一切伤害；我多么希望您能立刻站起来，拍拍身上的土，摸摸我们的头说：'走，放学了，我们回家。'可是，您却像一阵风，在那个十字路口，轻轻地飘走了。李老师，我想您！"

李芳走了，同事们想她。与李芳同住一间教师公寓的郝翠玲泣不成声："那天中午午休，李芳还在问我家孩子高考的事，发挥得好不好，喜欢哪一科，想考什么学校，还说等孩子录取了，要一起庆贺。临走的时候，李芳跟我说：'吃口西瓜吧，我早上来的时候买的，沙瓤的。你就用我这个勺子吃，我用开水烫过了，不要嫌弃啊。'没想到，这竟

▶ 80岁的董家河镇老人曾宪珍早早地赶来,她携儿子、儿媳和孙子都来送李芳老师最后一程

成了李老师和我说的最后一句话。"

李芳走了,家人更想她。李芳的女儿代雨辰给妈妈写了一封信:"妈妈,你说陪我去参加公务员面试,你说想看我穿婚纱的样子,你怎么食言了?妈妈,你的微信'繁星点点'一直在我手机里,我常常看着她,我多么想您能再跟我聊聊天啊!"

坚守

到边远地区教书,她无怨无悔

李芳的家在信阳市平桥区,工作的地方在董家河镇。一条起起伏伏的小路,绵延30余公里,将这两个地点连接在一起。

无论是骄阳似火,还是数九严冬,这一条路,李芳不知走了多少遍。周一来,周五回,周而复始。特别是以前没有公交车的时候,李芳骑自行车走一趟，就得花费两个多小时，但她从来没有抱怨过。

"当老师是李芳一直以来的梦想。"初中同学金平回忆道，"那时的我们正值少年，常常在一起憧憬未来。李芳想考信阳师范，想以后回家乡董家河当一名小学老师。"

1986年，在报考定向志愿保证书上，李芳写下这样的话："我自愿报考信阳师范学校，毕业后愿意到边、偏、远、穷山区任教，一定服从组织分配！"

她这么说，也这么做了。

同年9月，李芳如愿以偿，坐在了信阳师范学校普师2班的教室里。

对于当时的农村孩子而言，能考上中师的，都是佼佼者。翻开当年的成绩册，一张发黄的成绩单上显示：李芳，平时成绩考核18分（最高分20分），期中考试成绩91分，期末考试成绩92分，全班第4名。

"李芳端庄大方、性格开朗、成绩优秀。我本来想，她毕业后一定能分到一所不错的学校。没想到，她会选择去董家河最偏远的黄龙寺小学。"李芳的同学姜素梅说。

1989年7月，刚满20岁的李芳从中师毕业，只身来到了地处大别山腹地的黄龙寺。这里仅有一条长20公里、宽不足两米的崎岖山路与外界相连，不通电、不通班车，条件极其艰苦。

山里蚊虫多，敏感体质的李芳，常常被咬出一块一块的大包；山里没有电，到了晚上，李芳只能点个小煤油灯备课、改作业；山里缺教师，李芳就一个人包揽了几个年级的多门课程……但即便是这样，李芳也总是笑盈盈的。

从黄龙寺小学到谢畈小学、乡中心小学,再到绿之风希望小学,因学校撤并等原因,李芳虽然兜兜转转,但从教29年来,她始终没有离开过董家河镇,没有离开乡村小学的讲台。

"怎么不想办法调到市里去?"几乎每一个见到李芳的人都会问她这个问题。

以李芳的条件,她有太多的理由和机会回城:在乡村从事一线工作年限够久,教学水平够高,丈夫孩子都在市里……但李芳每次都选择留下,因为她留恋自己从小长大的地方董家河,她对乡村的学生有太多的不舍。

好友劝她,她说:"这里老师本来就少,我走了,谁带孩子?城里不缺好老师,这里缺,我不能走。"

家人劝她,她说:"再过几年就退休了,现在往回调也没什么意思了。等退休后,我一定好好陪你们。"

就这样,一次次主动放弃进城的机会,李芳依旧默默坚守在乡村学校,无怨无悔。

无私

从不计较,她是别人眼中的"傻老五"

了解李芳的人都说,李芳能做出以身挡车救学生的举动,绝对不是偶然,她就是这样的一个人。

在李芳二姐李广珍的印象中,妹妹是一个特别单纯、从不与人争的人。"快50岁了,仍然单纯得像一张白纸。"李广珍说,"她从不给人找麻烦,而且经常帮助别人。因为在家里排行老五,我们都叫她'傻老五'。"

"傻老五"看上去真有点"傻"。

刚进中师的时候,李芳被推选为文体委员、推广普通话委员。可到了第二学期,她却主动向班主任辞职不干了。班主任问她为什么,李芳说:"应该让那些内向的同学也有机会锻炼锻炼,我会帮他们一起想办法。"

无论是毕业聚会,还是有老同学回来,李芳总是最操心的一个。每次吃饭,酒是她从家里拿,水果是她从路上买,就连瓜子、花生她也要自己准备几碟。同学们说:"不能老让你破费。"李芳却笑着回答:"我要尽地主之谊。"

在学校里,哪里需要老师,李芳就去哪里。前两年,学校低年级缺老师,李芳二话不说,就去了二年级。同事说她:"小孩子太难带了,你都快退休了,何必去挑战自己。"李芳也是笑:"我没关系,带哪个年级都行。"

"傻老五"哪里是真"傻"!她的单纯实在、不争不抢、宽厚大度、真诚待人是对"傻"字的最好诠释。

翻开李芳的档案,她似乎确实只是一名普普通通的小学教师。参加工作后,李芳一共获得过22项荣誉,获奖时间大多都在2010年以前。近几年,学校准备给她评高级教师,想给她一些荣誉,但李芳都坚决推辞了。她说:"农村教育需要年轻人,他们比我更需要这些激励。我不着急,等下次再说吧。"

推辞又推辞,直到李芳牺牲,她仍然只是一名中小学一级教师。

▶ 灵堂中,女儿正祭拜母亲

如今,教育部追授李芳为"全国优秀教师",河南省追授李芳"优秀共产党员""优秀教师""五一劳动奖章""三八红旗手"等荣誉。

李芳总是为别人考虑。这些年,她最亏欠的人,就是丈夫和女儿。

李芳的丈夫代业明是国家电网信阳变电检修公司的一名工人,结婚快30年了,两人总是聚少离多。"李芳周末才回家,可回到家里,不是批改作业,就是累到蒙头大睡。她长期伏案工作,总是喊脖子疼,我和女儿因此都学会了按摩。"代业明说,"我有时候也劝她,劝她别那么傻,也要多想想我和女儿。但李芳总是笑着安慰我:'再等等吧,过几年我一定好好陪你们。'"

李芳的女儿代雨辰前不久刚刚接到通知,她在湖北省广水市公务员笔试中考了第一名。听到这个消息,李芳高兴坏了。周末,朋友们约李芳去爬山,李芳拒绝了。她说:"女儿过一阵子要面试,我得给她买一身合适的衣服,还要给她做做培训。"

"虽然妈妈有时候显得不近人情,但我知道其实她心里最放不下的就是我。"代雨辰回忆道,"小时候,有一次我生病发烧,妈妈因为要给学生上课,就把我一个人放在董家河诊所输液。我记得她蹲下来抚摸着我的头,对我说:'你是妈妈的乖女儿,要学会坚强。记得打完针不要乱跑,妈妈过一会儿就来接你。'当时我觉得妈妈很傻,不过现在长大了,我慢慢能够理解她了。"

善良

待人真诚,她有一副"热心肠"

爱笑,是李芳的一大特点。无论走到哪里,她总能给人带去快乐。

"我常常想,为什么她总能笑得出来呢?她没有忧愁吗?后来相处久了我才明白,因为李芳心里一直充满阳光,心地特别善良。"她的中师室友、好朋友姜素梅说。

在信阳师范学校第一年,国庆节放假,家住附近的同学都准备回家过节,而来自新县的汪敬荣却在教室里黯然伤神。

"你怎么了,不开心吗?"李芳看见了,笑眯眯地跑过去问道。

汪敬荣有些不高兴:"你倒是每个星期都可以回家看父母,我却放寒假才能回去,你哪里知道想家的感觉。"

而事实上,李芳在初中时就失去了父亲,她比谁都知道孤独的滋味。但李芳二话不说,只是笑着把汪敬荣拉进了与学校一墙之隔的二姐家。

二姐家的院子里,有几棵很大的梧桐树,两间低矮的平房虽然破旧，但收拾得很干净。

每到周末，李芳就分批带同学去二姐家玩，一来改善下伙食，二来一起热闹热闹，想家的同学就不会太难过了。中师三年期间，几乎所有李芳的同学都到二姐家做过客。

如果说善良是一种天性，那么李芳就是把这种天性发挥到极致的人。李芳总是真诚地对待身边的每个人，做了太多热心肠的好事。

在信阳师范学校上学时，班上一个男同学得了急性肾炎。那位同学的家在偏远的农村，家人赶不及前来照顾，李芳便安排班里同学轮流到医院当陪护。听医生说这位同学要增加营养，食物还不能太咸，李芳便请二姐帮忙，炖好了少盐的鸡汤、排骨汤送给他喝。在前前后后近两个月的时间里，李芳几乎每天都奔波忙碌在学校、医院、二姐家这三点之间。

毕业后的一次同学聚会，李芳发现同学冯甦的衣服过于肥大、很不合体。在得知冯甦因一次意外受伤身体急剧消瘦后，她赶紧悄悄回家，从自己的衣服中挑选了一件玫红色的连衣裙，拿来给冯甦换上。"李芳的心细让我感动不已。大家都说这条裙子我穿着好看，我本来还想拍个自拍发给李芳，谁能想，她竟走得如此匆忙。"手握连衣裙，冯甦已是泣不成声。

对家人，李芳同样上心。2007年，丈夫代业明的工作地点搬到了距董家河30多公里的平桥区，照顾公公的重担一下子就落在了李芳一个人身上，但李芳从未有半句怨言。每到寒暑假，李芳就把老人接到平桥家中，给老人做他最爱吃的红豆糍粑；开学了，李芳又将老人带回董家河，下了班就去看他。在李芳的细心照料下，老人一直活到

98岁。

对同事，李芳也特别关心。在绿之风希望小学的教工宿舍里，李芳自己添置了冰箱、电视，每周都从家里带来水果、饺子和新鲜肉类。一到周末，李芳就把钥匙留给外地来的年轻同事，让他们在自己的房间里做饭、看电视，改善生活。"李老师想得周到，让我们这群身在异乡的小姑娘感受到了家的温暖。"同事赵艳说。

爱生

桃李芬芳，孩子们是她的"心头肉"

李芳——桃李芬芳，姓名与职业的巧合，似乎注定了李芳这一生的命运。

在李芳生前的办公桌上，学生们的《学习与巩固》手册、拼音本都已评改完毕；听课记录本、"两学一做"学习本上也写满了笔记；一本1996年版的《新华字典》，更是被翻得破破烂烂；一盆小绿植依然焕发着生机。

扎根山乡学校29年，孩子们就是李芳的"心头肉"。天冷了，她要告诉孩子们多穿衣服；放假了，她要提醒孩子们不要玩水玩火；学生没钱回家，她要给学生买车票；去教室，她要特地换上走路声音小的软底鞋……爱生如子这四个字，李芳当之无愧。

去年冬天，李芳发现班里的一个孩子何宏总是穿着同样的衣服，而且很不合身。在了解到他家庭困难之后，李芳就悄悄把何宏叫到了办公室，送给他一件崭新的棉衣。那一瞬间，何宏的心被融化了。他说："我真想叫李老师一声妈妈。"

"我成绩不好,写字总连笔,但是李老师从来不小瞧我,反而鼓励我、关注我,让我写字时不要太快,一笔一画写,把字写工整。"何宏说,"李老师,您的关心我一定记在心上,我多么希望下学期您能再来给我们上课啊!"

绿之风希望小学的留守儿童较多,对于这些在成长中缺乏家长关心的孩子,李芳时时给予他们母亲般的关爱,让孩子们的心灵不再流浪。

"每天中午和晚上,李芳和我都会召开'卧谈会',聊得最多的就是班上的学生:谁的作业做得不好了,谁需要特别辅导了,谁的进步很大了,谁的爸妈出去打工了,谁的爷爷奶奶需要沟通了……"同事郝翠玲说,"李芳手机里存了很多留守学生父母的电话,一有空就给他们讲孩子最近的情况。"

作为一名老党员,李芳是学校的顶梁柱、大家公认的"好大姐"。

"从去年开始,我就和李芳老师一起接手了二年级三班。这原本是同年级成绩最差的一个班,没想到不到一年的时间,她硬是给带成了尖子班。"班主任兼数学老师罗银森,是李芳带的最后一个徒弟,"虽然名义上我是班主任,李老师是副班主任,但其实很多事情都是李芳老师在指导我、帮助我。"

工作上,许多实习教师和新教师也都愿意拜李芳为师,因为她总是不厌其烦、事无巨细地教他们怎么上课、怎么克服心理障碍、怎么提高学生的学习热情、怎么管理班级,等等。她常对身边的同事说:"我年纪大了,要把乡村教育的接力棒传下去。"

绿之风希望小学党支部书记张涛说:"党的十九大之后,李芳多次找我，建议学校把优秀传统文化、地方文化、大别山的红色革命文化和信阳地区的绿色生态优势融入教学中，要留住孩子们的根，让他们从小就知道什么是家国情怀、什么是崇敬自然。可这一切刚刚开始，她就永远地离开了。"

流星划过夜空，虽然只是一瞬，却照亮了整个夜空。

李芳走了，她以命相许，把生的希望留给了学生。

愿她化作繁星点点，以大爱仁心，永远守护她爱的人。

记者　董洪亮　丁雅诵
原载于《人民日报》2018 年 8 月 9 日

河南信阳市乡村教师李芳——
用生命完成"最后一课"

在李芳简朴的办公桌上,放着她的一个水杯、几份教案、几本字典和一张标有每周11节语文课的课程表。

桌面上评改完毕的《学习与巩固》手册和拼音本整齐地摆放在一起,让人看到后总产生一种错觉——李芳只是刚批改完作业,暂时离开了办公室。

6月11日17时30分,河南信阳市浉河区董家河镇绿之风希望小学正常放学,二年级三班语文老师李芳随队护送学生放学回家途中,面对失控的三轮摩托车,她用身体挡住车辆,护住了4名学生。

6月13日凌晨4时40分,李芳的生命定格在了那一刻,她永远离开了她挚爱的三尺讲台……

学生们清楚地记得,6月11日那个傍晚,爱美的李老师穿着小花褂和白裤子,还有她一直钟爱的高跟鞋。当失控的三轮车沿着长长的坡道飞速冲过来的时候,李芳几乎用了她平生最迅捷的速度,一边大声呼喊着学生们快让开,一边推开身边最近的4名学生,用身躯挡住三轮车。

被李芳推开的4名学生中,有3名仅受点皮外伤,还有1名学生头部缝了6针,但李芳当场昏迷,被诊断为脑部颅骨骨折、脑组织大面积出血,后因抢救无效死亡。

"高高兴兴来上学,平平安安回家去。"校门口的两排醒目大字,李芳用自己的生命对学生做出了这样的承诺。

1969年出生的李芳,20岁从信阳师范学校毕业后被分配到一所农村小学黄龙寺小学任教,后调到绿之风希望小学。近30年来,她一直坚守在基层教育一线。

"从去年开始,我和李老师共同带二年级三班,上次语文考试,我们班整体成绩还拿了全年级第一。"罗银森是二年级三班的数学老师,也是班主任,他说,李芳老师一直事无巨细地帮自己管理班级。

作为副班主任,李芳时常给班上留守学生的父母打电话,向他们汇报孩子的情况。

就在意外发生前的几个小时,李芳还在帮助同事化解矛盾。当时,一名学生在跑去卫生间途中摔倒,额头上划破一道口子,家长非要找班主任理论。为了不让矛盾激化,李芳极力劝阻沟通,最终安抚了家长。

李芳在重症监护室的那两个夜晚,每当听到医生喊家属的时候,李芳27岁的女儿都心头一颤。"因为只要是医生一喊,不是说心跳要停止了,就是让我们有心理准备。我小时候总是生病,好几次我生病发高烧她都是把我送到诊所后再去上班，一到那时候我就抱着她的腿哭，但每次她都狠心抛下我跑回学校。妈妈是我的骄傲，我以后也一定成为她的骄傲。"

李芳离世的消息传出后，前去灵堂吊唁的亲属、乡亲、同事、学生以及社会各界人士络绎不绝。

"您用生命的抉择教给了学生最后一道题！您用生命完成了最后一堂课！向新时代最美人民教师李芳老师致敬！"信阳市委副书记刘国栋用诗歌赞颂着李芳的人性光辉和崇高师德，赞颂着革命老区熠熠生辉的舍己为人精神。

记者　夏先清　　通讯员　吴炳辉
原载于《经济日报》2018 年 8 月 27 日

用生命为学生上好最后一堂课
——追记河南省信阳市绿之风希望小学教师李芳

"有车,快走!"车祸袭来时,李芳在生死关头的奋力一挡,将生的希望留给了学生。

李芳生前系河南省信阳市浉河区董家河镇绿之风希望小学二(3)班语文老师。2018年6月11日,李芳为救护学生,被一辆刹车失灵的三轮摩托车严重撞击,导致脑部颅骨骨折、脑组织大面积出血。6月13日凌晨,李芳经抢救无效,不幸殉职。

李芳用行动展现了无私与勇敢,用生命为学生上了最后一课。

1969年,李芳出生在原信阳县董家河乡谢畈村的一个农民家庭。1989年从信阳师范学校毕业后,她来到黄龙寺小学任教,后调至谢畈小学担任教师,之后又被分配至绿之风希望小学任教,在乡村教师岗位上一干就是近30年。

6月11日17时30分,李芳像往常一样,和同事陈燕一前一后,

▶ 手捧鲜花的学生排队去看老师最后一眼

准备护送学生通过距绿之风希望小学50米处的一个十字路口。17时51分，绿灯亮起，当队列最后几个学生走到马路中间时，一辆装满西瓜的无牌照三轮摩托车突然从将近400米远的下坡路上俯冲而来，眨眼之间就到了孩子们面前。

危急时刻，李芳一边大喊"有车，快走！"让学生避开，一边奋力冲上前，一把推开还在发愣的学生。

"那一刻她能想什么？李芳什么都不会想，她心里面装的，满满都是学生。"6月16日上午，在李芳的追悼会上，信阳市第一实验小学教师黄燕几度哽咽。

近5000人的送行队伍，绵延了几公里，把灵堂前的道路挤得水泄不通。他们中有的是李芳生前的亲友、乡亲，有的是同事、学生，甚至还有许多她从未谋面的人自发赶来。

"那天下午你救学生,我看到了。虽然我不认识你,但我知道你一定是个好老师!今天我来看看你、送送你……"一位古稀老人挤在送行的人群中,手抹眼泪,不停地踮脚张望。

郝晨月是当日被李芳救下的学生之一。"我们看到车来都慌了,是李老师一下把我们推开,可是她却……"如今,郝晨月早已出院,但右胳膊上留下的一道伤痕清晰可见。郝晨月觉得,那是李芳老师在保护她,不管长多大、走到哪儿,她永远都是李老师的学生。

"李芳老师在危急时刻的突出表现,集中展现了人民教师舍己为人的人性光辉,生动诠释了'学为人师,行为世范'的崇高师德。在李芳老师的英雄壮举里,闪烁着的是爱生如子的师德光辉。李芳老师是新时代的'张丽莉',是我们身边的最美老师,是人民满意的好老师,是我们学习的榜样和楷模。"河南省教育厅副厅长毛杰说。

1986年,17岁的李芳在报考定向志愿保证书上写道:"我自愿报考信阳师范学校,毕业后愿意到边、偏、远、穷山区任教,一定服从组织分配。"这个承诺,李芳一许就是29年。

在李芳的丈夫代业明看来,"她平时看起来像个弱女子,胆子小,怕黑,但关键时候,她舍得拼。遇到事儿了,自觉不自觉地,她都会选择护住学生"。事故发生后,代业明两天两夜难以入眠:"我虽然不愿意接受这个事实,但是她这样做,我不感意外。"为了学生,14年来,李芳与家人分居在相距30多公里远的两地,一周5天都在学校吃住,一家人只有周末才能相聚。

李芳的中学同学曾问她为什么不调回城里与家人团聚,李芳想也不想:"我调回城里来,我的学生谁管啊?"直率的回答背后,是李芳在29年的平凡教师岗位上，为教育事业，为农村孩子的健康快乐成长做出的不平凡坚守。

"从去年开始，我就跟李芳老师一起带这个班，不到两年时间，她硬是把学习成绩差的班带成了尖子班。上次语文考试，我们班整体成绩还拿了全年级第一。"罗银森是绿之风希望小学二(3)班班主任兼数学老师，也是李芳带的最后一个"教师徒弟"。"虽然名义上我是班主任，李老师是副班主任，但很多事情都是李芳老师在指导我、帮助我。"

罗银森记得，李老师善良爱笑，乐于帮助身边的每一个人。"她特别喜欢跟别人一起分享她的快乐，我们学校没有接受过她帮助的老师真的不多。"

"党的十九大以后，李芳多次找我，建议学校把优秀传统文化、地方文化、大别山的红色革命文化和信阳地区的绿色生态优势融入教学中，留住孩子们的根，让他们从小就知道什么是家国情怀、什么是崇敬自然。可这一切才刚刚开始，她就永远地离开了。"绿之风希望小学党支部书记张涛回忆说。

陈俊是李芳曾经教过的学生，在他心里，李芳永远是那个站在三尺讲台上给他讲知识、教道理的好老师："我很喜欢李芳老师，小学几年都是李芳老师在教我，后来升到了初中，凭着李芳老师给我打下的语文功底，我在我们班也能排上十几名。"

一个学生在自己的日记里写道："李老师，当您倒下的那一刻，我多么希望您的身体是铜墙铁壁铸成的，可以抵御一切伤害；我多么希望您能立刻站起来，拍拍身上的土，摸摸我们的头说：'走，放学了，我们回家。'可是,您却像一阵风,在那个十字路口,轻轻地飘走了。李老师,我想您!"

"阳光,温柔,善良,负责。"27岁的女儿代雨辰认为这是对妈妈最贴切的形容。她说:"从小到大,妈妈一直教导我,要用包容、开放的心态去面对生活,不要让一些负面情绪影响自己感受生活中的美好。"李芳的生活里永远充满惊喜与感动,偶有乌云,却遮不住灿烂的阳光和湛蓝的天空。

李芳爱花,今年母亲节,代雨辰特意挑了一束鲜花送给她,这也成了李芳微信里的最后一次分享。朋友圈中,李芳亲昵地称呼这束鲜花为"小棉袄的礼物",她还为那束鲜花选了一张图片,上面写着"有妈妈的地方处处是阳光,有妈妈的地方处处是温暖"。

李芳出事前不久,代雨辰以笔试第一名的成绩,如愿通过湖北省广水市的公务员考试,当时正准备面试。"妈妈听到这个消息后,高兴得快要哭了,这是她的一个心愿。后来,她还说要带我去买一身新衣服,可是她看不到了,她也看不到我结婚了……"

记者 潘志贤 实习生 郭晓阳
原载于《中国青年报》2018年9月10日

第二章 省级媒体报道

推开 4 名学生　好老师被撞罹难
在护送学生们过马路时，李芳老师面对危险把生的希望留给了学生

　　6月13日凌晨4点40分，虽经全力救治，在危险来临时推开学生自己被撞的李芳老师仍医治无效，因公殉职。省人大常委会副主任、信阳市委书记乔新江第一时间做出批示："李芳老师不幸因公殉职，令人悲痛和惋惜，特致深切哀悼，并向其家属表示慰问。浉河区和市卫生、教育部门要全力以赴做好受伤学生的救护治疗工作。"今日上午，李芳老师的追悼会在信阳市浉河区董家河镇绿之风希望小学附近举行。

　　6月11日17点30分，信阳市董家河镇绿之风希望小学正常放学，二年级语文老师李芳随队护送学生从校门自西向东安全回家，途中经过一个红绿灯十字路口（距学校50米）。17点51分左右，护路队行至红绿灯路口，学生按绿灯指示有序通过。突然，一辆装满西瓜的深红色无牌照三轮摩托车自北向南闯红灯向护路队急速驶来，且毫

无刹车迹象。情况万分紧急,李芳老师一边大声呼叫学生避让,一边冲上前去用自己的身体挡住学生,并奋力将学生推开。不幸的是,李芳老师被三轮摩托车严重撞击,倒地昏迷不起,另有4名学生受伤。

讲述:李老师说"快点走",跑着推开那4名同学

"当时我站在斑马线上等红绿灯,一辆三轮车冲下来,我看到老师跑过去把同学推开后,转身挡在学生的前面,三轮车车头撞向了她,她当时就昏倒在地。"昨日,在距离信阳市浉河区董家河镇绿之风希望小学50米远的红绿灯处,目睹事发一幕的五年级学生小曹告诉记者,当时有4名同学走在斑马线上,走到一半,因为快要变红灯了,老师就让后面的同学站在斑马线处等待。这时,一辆三轮车从马路上冲过来,李老师就说"快点走",没有任何犹豫就跑着推开那4名同学。

昨日下午,记者在学校门口见到了和李芳老师一同护送学生的张老师。提及李芳老师,张老师泣不成声。据张老师介绍,她当时负责站在路口提醒学生过红绿灯。"孩子们有时不爱看红绿灯,我是负责站在斑马线处提醒孩子红灯停、绿灯行。李芳老师负责护队,将孩子们护送到街上。当时马上要变红灯,我就站在那里,让孩子们停下来。忽然就听到轰隆一声巨响,我转身过来,就看到有4个孩子躺在地上,李芳老师也躺在地上,我冲过去后,她已经不省人事。"

据现场一名目击者说,当时很多家长都在接小孩。那几名小孩子当时就在那名老师的身后,要不是她推开那几名孩子,那几名孩子就有生命危险了,老师被撞出去很远。"因为路口是个下坡,那辆三轮摩托车速度比较快,估计后来也是无法刹车了,撞人后又冲了好远,最后车头撞上三层台阶才停下来。"该名目击者说。

救助:4名学生无大碍,李老师却永远离开了她的学生

事故发生后,在场教师立即拨打了120急救中心电话和110报警电话,董家河镇中心学校及绿之风希望小学领导班子成员第一时间赶至事故现场,并将相关情况向浉河区教体局主要领导报告。拨打120急救电话后,因董家河镇离市区较远,考虑到受伤师生情况,学校立即安排车辆将受伤的李芳老师及4名受伤学生送往急救中心安排的信阳一五四医院进行救治。同时,区教体局负责人及相关工作人员也赶往一五四医院等候,并与院方协调受伤师生救护事宜。18点30分左右,受伤师生到达一五四医院。

经一五四医院初步检查诊断,4名被李芳老师救护的学生暂无大碍。为确保学生安全,4名学生于19点30分左右被转移至市中心医院。市中心医院安排专家对受伤学生做了进一步诊断,其中一名学生头部缝了6针,另外3名学生均为较轻外伤,4名学生均安排有专人一对一协助看护。

李芳老师经一五四医院CT检查,诊断为脑部颅骨骨折、脑组织大面积出血,于20点被转至市中心医院。全体医护人员经过奋力抢救,还是未能挽救李芳老师的生命,李芳老师于6月13日因公殉职。

昨日上午,大河客户端第一时间发布该消息后,立刻引发网友热议和转发,众多网友纷纷表达了对李老师的敬意和痛惜之情。

李芳老师,女,1969年5月出生,1989年毕业于信阳师范学校后,被分配至黄龙寺小学任教,后调至谢畈小学,谢畈小学撤校后被分配至绿之风希望小学任教至今。李芳老师任教期间,爱护学生,团结同事,服从领导,勤恳工作,无私奉献,教育教学成绩突出,受到学生家长及同事一致好评。

记者 李鑫　通讯员 董圆圆
原载于《大河报》2018年6月14日

这爱,超越生命
——追记以身挡车救学生的李芳老师

"在护送学生的路上,在死神冲撞的路口,这一次,你不是用那支神奇的粉笔,而是用自己的血肉之躯,挡在死神和学生中间。你用抉择教给了学生最后一道题!你用生命完成了教师最后一堂课……"

6月11日下午,信阳市浉河区董家河镇绿之风希望小学二(3)班语文教师李芳在护送学生放学回家途中,面对突如其来的车祸,果断推开学生,把生的希望留给了学生,把死的危险留给了自己。4名学生得救了,而李芳老师却因抢救无效于6月13日凌晨4时40分永远地离开了她挚爱的三尺讲台。

伟大的一瞬

教师这个职业本身是非常普通的,但是,这一瞬间,她在这一秒钟所做出的决定和行为是伟大的

6月11日,一个寻常的星期一。17:30,上完课的李芳,像往常一

样带着孩子们从三楼教室往下走,迎面碰上了学校党支部书记张涛。在跟张涛微笑着打完招呼后,她就带着学生去操场排队,准备护送他们回家。可让张涛没想到的是,这竟成了他与李芳的诀别。

20多分钟后,张涛还未处理完学校的事务,就接到学校其他老师的报告:李老师为救学生出事了!张涛脑袋"嗡"的一下,赶快跑到事故现场……

原来,在学校对全体学生进行例行安全教育后,李芳、陈燕等几位老师便随队护送学生从校门自西向东回家。学校大门东50米处是一个平交十字路口,为了护送学生安全穿过马路,绿之风希望小学的老师们早已形成了一套自己的办法:一是教育学生严格按绿灯指示有序通过,二是由一位教师前面带队领着学生通过路口,后面一位老师及时疏导,提醒学生抓紧时间通过。

绿灯了!李芳便带着孩子们走上斑马线。然而,当她和孩子们快要走到对面的时候,突然,一辆装满西瓜的深红色三轮摩托车自北向南冲出来,顺着公路的坡度加速向路队驶来。"三轮车司机嘴里连喊着'快跑开,刹车失灵了'。"二(1)班学生张德荣的奶奶刘桂琴说,"情急之下,李老师一边大声呼叫学生避让,一边冲上前去用自己的身体挡住学生,并奋力将学生推开。"

"我听到'砰'一声巨响,就看到4个孩子倒在地上。再一细看,李芳老师被撞到了距离学生倒地好几米远的地方。"陈燕说,"李老师仰面躺在地上,我赶紧跑过去把她搂在怀里,无论怎么喊,她都没能再睁开眼睛。"

"三轮车冲下来的时候,我就在李老师身前一米的地方,李老师用力将她身后的几个同学推了出去。"在事发现场目睹了全过程的五(1)班学生陈妍冰告诉记者,"如果李老师没有救他们几个,她是完全来得及躲开的,但推开他们几个之后,已经来不及了。"

4名孩子得救了,李芳却因伤势严重,于6月13日凌晨4点多医治无效,因公殉职。

"李芳平时是一个非常胆小的人。我们一起读书的时候,去医院打个针她都会害怕,出去玩儿看到虫子她都会大叫,推开学生一定是她下意识的行为。她切切实实地把学生当成自己的孩子来看待,要不然她不会那么勇敢。"信阳师范学校一位李芳的生前好友说,"教师这个职业本身是非常普通的,但是,这一瞬间,李芳在这一秒钟所做出的决定和行为是伟大的。"

6月14日上午,记者在绿之风希望小学见到了4名被救孩子的其中一个——三(2)班学生郝晨月,以及她的母亲杨贺。"李老师真是太伟大了!在学生面前,她就像一位母亲,为了救这几个孩子,牺牲了自己宝贵的生命。我真希望这一切都不曾发生……"

一(1)班的湛晟坤是4名孩子中受伤相对较重的一个,他的母亲姚忠玲在接受记者电话采访时情绪有些激动。哽咽一阵后,她向记者介绍,孩子在医院接受治疗时,每天都有学校老师前去探望、照顾。尽管她从未和李老师见过面,但被李老师的大爱善举感动了,她心里非常感谢,同时也很难过。她说,希望自己的孩子未来不管长多大、走到哪儿,都不能忘记李老师,要永远记得是李老师的学生。

平凡的 29 年

29 年来,她在教师这个平凡的岗位上,时刻不忘一名共产党员的初心,牢记使命,立德树人

"李芳自 1989 年从师范学校毕业后,便一直坚守在农村小学的讲台上,先是在偏远的黄龙寺小学、谢畈小学任教,后来由于学校撤并等原因,来到绿之风希望小学。工作 29 年来,她在教师这个平凡的岗位上,时刻不忘一名共产党员的初心,牢记使命,立德树人,关爱学生,教学中注重创新,成绩突出。尤其是她在关键时刻挺身而出,用身体挡住了肇事的车辆,用生命铸就了不朽的丰碑,是我们优秀教师党员中的突出代表。"6 月 14 日上午,浉河区教体局党组书记、局长殷世明在接受记者采访时,用了一大段话对李芳做出评价。

——1989 年至 2000 年,先后在黄龙寺小学、谢畈小学等任教;

——2000 年至 2007 年,在绿之风希望小学任教;

——2007 年回到谢畈小学;

——2015 年,因学校撤并,又回到绿之风希望小学任教至今。

在与学校几位老师的交流中,记者逐渐梳理出李芳这 29 年的乡村从教之路。

兰思武,与李芳是同事,也是从初中到师范学校的同学。当年毕业后,俩人一起被分配到了黄龙寺小学任教。"李芳在上学时就是一个特别优秀的学生,智商和情商都很高。本来想,毕业后她会有别的选择,没想到她会选择到这样一所偏僻的农村小学来。"兰思武提起他的这位老同学,赞美有加。

王奎远,是学校较为年长的教师之一,比李芳大9岁。李芳走上工作岗位后他们便认识,2000年至2007年这7年间,俩人教同班,办公桌都是面对面。得知李芳去世的消息后,他这几天脑子里特别乱,吃不下饭,整理李芳的事迹材料,又不知道自己都写了些什么。

"在教育教学工作中,她有自己独特的方法,注重对学生的思想品德教育和人格的培养,用爱心抚育每一个孩子。她对所教学生的家庭情况、性格、爱好都了如指掌。学生遇到困难都愿意向她倾诉,她总是尽心地安抚并帮忙解决。她是学生心中的好老师,更是好朋友,孩子们都很喜欢她。"王奎远说,"李老师教学一直很优秀,从来不因自己是老教师而放松对自己的要求。她总是不断学习借鉴,丰富和完善自己的教学方法。她采用启发式教学,让孩子们在快乐中学习,并注重与生活实践相结合。许多实习教师都愿意拜她为师,她也总是不厌其烦地教他们怎么上课、怎么克服心理障碍、怎么提高学生的学习热情。"

在李芳生前执教的二(3)班教室,记者见到了刚刚给孩子们上完课的数学老师罗银森,他兼任这个班的班主任。

"我跟李芳老师都是2015年来学校的,我是新教师,她是老教师,我俩从去年开始一起带这个班。"罗银森说,"李老师不只是教学经验丰富,还很会管理班级、与家长沟通。我刚开始当班主任带这个班的时候,找不到方法,很不上道儿,后来李老师就主动给我传授经验,教我怎么管理。"今年学校在庆"六一"活动中,给二(3)班分配的表演任务是朗诵,可教数学的罗银森对朗诵是一窍不通。发现罗银森犯难,李芳二话不说就揽下了带全班练习朗诵的任务。

在二(3)班教室里,孩子们听说记者来采访,都表示很想念李老师，希望能有一个"一模一样的李老师"来给他们上课。"我之前有几次作业没完成，在李老师的信任和帮助下，我改掉了不写作业的坏毛病。我现在非常想念李老师，希望她赶快回来给我们上课！"小男孩儿曹田眼里含着泪水说。

"李老师是一个特别有耐心的人，每当我们不懂时，她总会一遍又一遍地教我们；李老师还是一个乐于助人的人，总会在我们需要帮助的时候出现在我们的身旁，好像她能看出来我们每个同学遇到的困难一样；李老师还是一个勇敢坚强的人，她敢于冒着生命危险去救学生，当时她一定在想：他们也是学校的一部分，不能就这样失去，一定要保护好他们！"这是学生唐一涵对李芳老师的"素描"。

闪亮的一生

她就是这样一个自始至终爱美会美选择美的人！只是，万万没有想到，她这次最美的选择，却成为留给我们最后的美。

出生于1969年的李芳，有着一个美满幸福的家庭。丈夫代业明是国家电网信阳供电公司变电检修公司电气试验一班成员、共产党员服务队队员。结婚以来，夫妻感情始终如一。独生女代雨辰在信阳明港公安分局工作(辅警)。一家三口在三个地方不同的岗位默默地支持着彼此的工作，只有在每个不忙的周末，三口之家才能短暂相聚。

这个周末，本是女儿参加湖北广水公务员面试的时间，李芳本来已经答应笔试取得第一名佳绩的女儿一同前往。可就在6月11日17时51分，在那个李老师曾无数次穿梭来往、接送学生的十字路口，也在自己人生的最后一个红绿灯口，李老师选择了用自己如花一样美丽的生命,护送着路队孩子安全前行。

班上学生都清楚地记得,那个傍晚,爱美的李老师打着一把里黑外花的遮阳伞,上身穿着一个小花褂,下身是她最爱的白裤子,还有她一直钟爱的高跟鞋。在失控三轮车沿着长长的坡道飞速冲过来的那一刻,最爱美的李老师几乎用了她平生最快的速度,一边大声呼喊着学生们快让开,一边推开最近的4个学生,用自己美丽的身躯去阻挡冲向学生的三轮车……这突如其来的短暂一瞬,已然是爱美的李老师最美的一生!

采访中,记者见到了代雨辰和雨辰的表哥余淮。"老姨的性格特别开朗,特别能和小孩子打成一片。同时,她就出生在这里,这也是她一直选择在这里教书的原因。"余淮似乎特别了解他老姨的想法,"当时老姨师范毕业后,有很多机会留在城市,但她还是选择回到董家河,她要回报这生她养她的土地,因为好多人不愿意来农村,尤其是偏远的学校教书。"

就在事发前几个小时,李芳还在帮学校的一位年轻班主任处理家校矛盾。"6月11日下午第一节上课前,我们班里一名学生跑着去厕所,由于鞋滑摔倒,在厕所台阶上把额头磕了一道口子,家长有意见。李老师为了不让我受家长的气,打了一圈电话才平息此事!谁想到就两节课没见,还没有当面好好说声'谢谢'就……"这位年轻班主任叫陈静,说到这里,她眼圈一红,哽咽了一下接着说,"我觉得,李老师是这个世界上最善良的妈妈,一是她跟我妈妈年龄差不多,二是我和李老师平时都住在教师公寓,李老师住209,我住202,平时她从家回来有什么好吃的总会给我带一些,知道我们这些年轻人

▶ 刚刚过去的 6 月 5 日,是李芳(右一)老师的生日

出门在外不容易。"

在学校教师公寓 209 房间,与李芳老师生前同居一室的郝翠玲老师红着眼圈告诉记者:"李老师平日是一个最爱美的人,我们私下都爱叫她'老美女'。尽管上周二她和我们一起度过了自己 49 岁的生日,但在我们眼中,她就是我们学校最美的'老美女'。得知她在三轮车失控冲向学生时,选择用自己的身体去阻挡的消息,我们一点儿也没有觉得奇怪,因为她肯定会这样选择。说句良心话,如果换成我在现场,也许我还会考虑一下、犹豫一下,但李芳不会。因为通过朝夕相处的生活,我知道她就是这样一个自始至终爱美会美选择美的人。只是,万万没有想到,她这次最美的选择,却成为留给我们最后的美……"说着说着,郝翠玲已经泣不成声。

"有车,快走开!"这是李芳留下的最后一句话,是给学生的。然后，她就这样永远离开了她牵挂的学生和牵挂她的亲人朋友，走完了她闪亮的一生。

省人大常委会副主任、信阳市委书记乔新江在第一时间做出批示："李芳老师不幸因公殉职，令人悲痛和惋惜，特致深切哀悼，并向其家属表示慰问。浉河区和市卫生、教育部门要全力以赴做好受伤学生的救护治疗工作。"

6月13日下午，受乔新江委托，信阳市委常委、宣传部部长曹新博看望慰问了李芳家属。曹新博表示，李芳的英勇事迹充分彰显了当代人民教师的道德高度，她是人民教师的楷模，是践行社会主义核心价值观的典范。

得知李芳为救学生献出生命的消息后，河南省教育厅副厅长毛杰当即表示："李芳老师在危急时刻的突出表现，集中展现了人民教师舍己为人的人性光辉，生动诠释了'学为人师，行为世范'的崇高师德。在李芳老师的英雄壮举里，闪烁着的是爱生如子的师德光辉。李芳老师是新时代的'张丽莉'，是我们身边的最美教师，是人民满意的好老师，是我们学习的榜样和楷模。"

记者　张利军　实习记者　庞珂/文图

原载于《教育时报》2018年6月15日

挺身救学生的信阳教师李芳被教育部追授"全国优秀教师"称号

6月20日,记者从省教育厅获悉,教育部追授李芳同志"全国优秀教师"荣誉称号。随后,河南省人力资源和社会保障厅、省教育厅追授李芳同志为"河南省优秀教师"。

李芳老师1969年5月出生,汉族,中共党员,生前是河南省信阳市浉河区董家河镇绿之风希望小学教师。6月11日下午放学,李芳护送学生离校返家,行至离学校50米的十字路口按交通信号灯指示有序通过时,一辆载满西瓜的无牌照三轮摩托车闯红灯急速驶来,且毫无刹车迹象。危难时刻,她奋不顾身冲上前去用自己的身体挡护学生,并奋力将学生推开。学生得救了,李芳遭到严重撞击,经多方抢救无效,于6月13日凌晨4时40分逝世。

李芳同志坚守乡村教学一线,29年如一日,全心全意贯彻党的教育方针,辛勤耕耘,无私奉献,在平凡的教学工作岗位上创造出不平凡的业绩。她始终将学生放在首位，钻研创新教学方法，精心为学生上好每一堂课。她爱生如子，对所教学生了如指掌，及时为学生排忧解难，是学生心目中的好老师、好朋友。她以德施教，注重对学生思想品德的教育和健全人格的培养，用爱心抚育每一个孩子，用自己的言行感染学生，让学生受到潜移默化的影响。她心怀大爱，临危不惧，舍己救人，用生命为学生上好最后一堂课，让崇高的师德和不朽的师魂熠熠生辉，塑造了新时代人民教师的光辉形象。李芳同志是践行"四有"好老师要求的先锋模范，是优秀乡村教师中的杰出代表，为大力表彰和学习宣传李芳同志先进事迹，教育部决定追授李芳同志"全国优秀教师"荣誉称号。

教育部号召全国广大教师和其他教育工作者要以李芳同志为榜样，学习她爱岗敬业、爱生如子的崇高师德，学习她心怀大我、无私奉献的至诚情怀，学习她为人师表、行为世范的品格风范，学习她奋不顾身、舍己救人的大爱精神。

记者　张竞昳/文　石闯/图
原载于《郑州晚报》2018 年 6 月 22 日

李芳老师获天天正能量一等奖
今报阿里万元慰问金送英雄家属

6月14日,东方今报以《危急时刻用身体挡住学生 信阳49岁女教师不幸被撞身亡》为题,报道了李芳老师为救学生不幸牺牲的事迹。在刚刚揭晓的"天天正能量"全国每周评选中,李芳老师荣获第245期一等奖,并得到阿里巴巴"天天正能量"、东方今报社提供的一万元慰问金,以示敬意。

昨天下午,记者第一时间将证书和慰问金送到了李芳老师的家属手中。

李芳老师的英勇事迹获得"天天正能量"一等奖

昨天,"天天正能量"进行到第245期,记者从评委会获悉,东方今报以《危急时刻用身体挡住学生 信阳49岁女教师不幸被撞身亡》为题,报道了李芳老师的英雄事迹。在28位投票评委中,李芳老师获

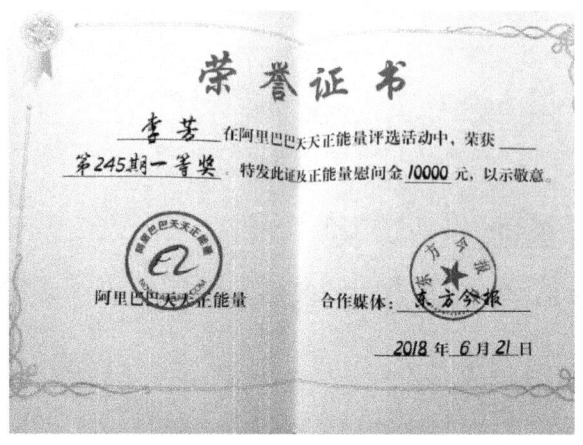

▶ 阿里巴巴"天天正能量"一等奖荣誉证书

得24位评委投票，获得正能量一等奖。

记者看到评委给李芳老师的颁奖词这样写道："在护送学生的路上，面对飞速撞来的运瓜车，她用自己柔弱的身躯挡了上去。在自己和学生之间、在死神与生命之间，她用责任与担当，教会了学生最后一道选择题！也完成了她教师生涯最后一堂课！她就是河南女教师李芳，用行动谱写出一曲最美的生命之歌。"

"天天正能量"是阿里巴巴集团联合东方今报在内的全国100多家主流媒体共同打造的大型公益平台，旨在传播正能量，弘扬真善美，发掘、寻找、奖励平凡人的善行义举，唤醒社会人心向善向上。

信阳市正积极为李芳老师申报"烈士"

事情虽已过去数天，但李芳老师的英勇事迹依然时时刻刻被提及。

6月11日下午，信阳市浉河区董家河镇绿之风希望小学二年级语文老师李芳在护送学生回家途中，面对急速驶来的失控三轮摩托车，奋力将4名学生推开后，自己却挡在学生身前被撞倒不省人事。医护人员虽全力抢救，仍未能挽回她的生命。6月13日凌晨，李芳老师走了，年仅49岁。

李芳出身农家，20岁从信阳师范学校毕业后成为一名乡村教师，从最初分配的黄龙寺小学到如今任教的绿之风希望小学，默默耕耘已近30年。作为一名优秀共产党员和优秀人民教师，在生死的一瞬间，她把生的希望留给了孩子们。

6月16日上午，李芳老师的追悼会在董家河举行，社会各界人士4000多人到场，送别李芳老师。

李芳老师因公殉职后，中共信阳市委号召在全市开展向李芳同志学习活动，并追授李芳为"全市优秀共产党员"；市政府追授李芳为"优秀人民教师"，市总工会追授李芳"信阳市五一劳动奖章"，市妇联追授李芳同志为"信阳市三八红旗手"。

6月20日，教育部追授李芳"全国优秀教师"荣誉称号，并号召全国广大教师和其他教育工作者要以李芳为榜样，学习她爱岗敬业、爱生如子的崇高师德，学习她心怀大我、无私奉献的至诚精神，学习她为人师表、行为世范的品格风尚，学习她奋不顾身、舍己救人的大爱精神。

记者从有关部门了解到，信阳市正积极为李芳老师申报"烈士"荣誉称号，目前相关材料已经收集完毕，正在走相关的程序。

李芳家属感谢媒体和社会各界的关心

昨天下午6点，记者带着证书和慰问金，来到了李芳老师的家里。开门的是李芳老师的丈夫代业明。自从李芳老师离开后，这个一米八几的汉子几乎没有睡过一个好觉，原本身体不太好的他显得有些憔悴。

代业明是国家电网信阳供电公司变电检修公司电气试验一班成员、共产党员服务队队员，最近一段时间，他一直在家。

记者注意到，在客厅的电视柜上，摆放着李芳老师的遗像，遗像旁边围着几盆绿植和鲜花，被精心打理过。

代业明说，这些绿植和鲜花都是李芳老师生前种的。她平时爱美，很喜欢花花草草。李芳老师生前周末回家，都会精心打理一遍。"她虽然走了，但我仍把它们摆在这里，让她时刻都能看到。"

代业明告诉记者，自从李芳老师离开后，很多领导来慰问，鼓励他和女儿振作精神、早日走出悲痛。

6月17日上午，刚刚出差归来的省人大常委会副主任、信阳市委书记乔新江来到李芳老师的家中，看望慰问代业明父女。"临走，乔书记还不忘叮嘱有关部门的负责同志要照顾好我们，切实解决我们的困难。"

21日上午，省委组织部的领导来看望慰问他们，得知李芳老师的女儿代雨辰后天要参加公务员面试，省委组织部的同志当天下午对她进行了培训。

"感谢新闻媒体对李芳老师事迹的关注，把她的正能量事迹传播出去，感谢社会各界对我们父女的关心。"代业明说，自己作为家属，也有工作单位，一定会维护好李芳老师的荣誉。

愿她的大爱传播得更久远

"慰问，是致敬，亦是传递。希望李芳老师的无私和大爱，能够在这个世界上传播得更久更远。"阿里巴巴"天天正能量"相关负责人告诉记者，"爱能使普通的灵魂伟大，愿她的大爱能传播得更久远。"

该负责人说："教师像星星，从来无怨无悔，与世无争，总是在一个不显眼的角落里，奉献他们的光和热。李芳老师就是这样的一颗星星。如果没有这次突如其来的事故，她将如往日一样，在平凡的岗位上，默默地奉献着自己的光和热。不会有多少人关注到她，更不会有多少人记住她。然而，这次突然而至的灾难，让平凡的她，瞬间变得顶天立地。"

"正如一位网友所言，躲避危险是一种本能，挺身而出是一种责任。李芳老师舍身救人的背后，是一直以来根植于骨子里的职业操守和大爱的瞬间爆发。"该负责人称，希望李芳老师的无私和大爱，能够在这个世界上传播得更久更远。"当正能量无处不在，这个世界就处处有光亮。"

记者 李光远　　通讯员 甘仁伟 严坤/文图

原载于《东方今报》2018年6月22日

李芳被追授为"全国优秀教师"和"河南省优秀教师"
全国教育系统深入开展学习李芳同志活动

6月20日,记者从省教育厅获悉,教育部决定追授李芳同志为"全国优秀教师",中共教育部党组号召在全国教育系统深入开展学习李芳同志的活动。

李芳老师1969年5月出生,汉族,中共党员,生前是河南省信阳市浉河区董家河镇绿之风希望小学教师。2018年6月11日下午放学,李芳护送学生离校返家,行至离学校50米的十字路口按交通信号灯指示有序通过时,一辆载满西瓜的无牌照三轮摩托车闯红灯急速驶来,且毫无刹车迹象。危难时刻,她奋不顾身冲上前去用自己的身体挡护学生,并奋力将学生推开。学生得救了,李芳却遭到严重撞击,经多方抢救无效,于2018年6月13日凌晨4时40分逝世。

李芳同志坚守乡村教学一线,29年如一日,全心全意贯彻党的教育方针,辛勤耕耘,无私奉献,在平凡的教学工作岗位上创造出不平

▶ 央视网报道截图

凡的业绩。她始终将学生放在首位,钻研创新教学方法,精心为学生上好每一堂课。她爱生如子,对所教学生了如指掌,及时为学生排忧解难,是学生心目中的好老师、好朋友。她以德施教,注重对学生思想品德的教育和健全人格的培养,用爱心抚育每一个孩子,用自己的言行感染学生,让学生受到潜移默化的影响。她心怀大爱,临危不惧,舍己救人,用生命为学生上好最后一堂课,让崇高的师德和不朽的师魂熠熠生辉,塑造了新时代人民教师的光辉形象。李芳同志是践行"四有"好老师要求的先锋模范,是优秀乡村教师中的杰出代表,为大力表彰和学习宣传李芳同志先进事迹,教育部决定追授李芳同志"全国优秀教师"荣誉称号。

教育部号召全国广大教师和其他教育工作者要以李芳同志为榜样,学习她爱岗敬业、爱生如子的崇高师德,学习她心怀大我、无私奉献的至诚情怀,学习她为人师表、行为世范的品格风范,学习她奋不顾身、舍己救人的大爱精神。要自觉将学习李芳同志先进事迹与落实习近平总书记关于建设政治素质过硬、业务能力精湛、育人水平高超的高素质教师队伍重要指示相结合,不忘初心,牢记使命,深入落实立德树人根本任务,强化培养社会主义建设者和接班人的使命担当,以更加昂扬的精神状态和务实的工作作风,争做党和人民满意的"四有"好老师,为全面建成小康社会、实现中华民族伟大复兴的中国梦而努力奋斗。

为深入学习贯彻习近平新时代中国特色社会主义思想,特别是习近平总书记关于教师队伍建设系列重要讲话精神,大力弘扬高尚师德师风,中共教育部党组决定在教育系统深入开展向李芳同志学习活动。

同日,河南省人力资源和社会保障厅、河南省教育厅联合下发通知,追授李芳同志"河南省优秀教师"荣誉称号,省高校工委、省教育厅党组发出通知,在全省开展向李芳同志学习活动。

记者 张静

原载于《东方今报》2018年6月22日

学习李芳同志先进事迹座谈会召开

7月10日,省委高校工委、省教育厅在郑州举行学习李芳同志先进事迹座谈会,深切缅怀李芳同志,学习宣传她的先进事迹和高尚师德。省委组织部、省委宣传部、省人社厅、省总工会、省妇联等部门相关负责人,部分市、县(区)教育局相关负责人,高校及中小学的教师、学生代表等参加座谈会。

6月11日,年仅49岁的信阳乡村教师李芳以身挡车,在生与死的考验中,用行动践行了共产党员牺牲一切的铮铮誓言。她29年坚守乡村教育一线,在平凡的岗位上做出了不平凡的业绩,用英雄壮举交出了感人至深的人生答卷。

7月10日,当人们再次回想近一月前的那一幕,英雄壮举仍催人泪下。与会代表纷纷表示,最好的纪念就是传承,学习英雄,就要从英雄身上汲取精神力量,并汇聚成实现中原更加出彩的强大动力。

李芳同志是"出彩河南人"的优秀代表。教育部和我省分别追授李芳同志为"全国优秀教师""河南省优秀教师",并在教育系统开展向李芳同志学习的活动。中共河南省委追授李芳同志"全省优秀共产党员"称号,并决定在全省党员干部中开展向李芳同志学习活动,李芳同志还被追授"河南省五一劳动奖章""河南省三八红旗手"等荣誉。信阳市教育局通过"庆七一上党课"等多种形式,学习弘扬李芳同志精神,并筹备成立"李芳教育基金会",资助家庭困难学生。

记者从座谈会上了解到,省教育厅将围绕李芳同志先进事迹,开展"十个一"系列活动,即在全省教育系统组织开展一项学习活动,组织召开一次先进事迹座谈会,创作编排一部情景剧并在教师节颁奖典礼上演出,举办一次学习李芳同志事迹作品展览会,组织先进事迹报告团赴全省开展一轮巡回报告,出版一部事迹读本,开展一次歌咏比赛、一次诗歌创作朗诵比赛,以李芳老师为原型创作一部舞台剧,拍摄一部反映当代人民教师立德树人、心怀大爱、潜心育人可贵品质的影视作品,以此发挥先进典型的精神感召力。

记者 周晓荷
原载于《河南日报》2018 年 7 月 11 日

信阳李芳老师荣获全国"2018年最美教师"称号

昨日晚间,在央视举行的2018"寻找最美教师"颁奖典礼上,信阳李芳老师荣获全国"2018年最美教师"称号,这是李芳老师获得2018"河南最美教师"称号之后,再次获得荣誉。

颁奖典礼上,颁奖嘉宾——第六届全国道德模范、著名表演艺术家田华用"善行无疆,恪尽职守"八个字,歌颂英雄老师李芳。组委会授予李芳的颁奖词是:"当死神呼啸而来,她用尽生命之力为孩子们竖起了安全壁垒。瞬间彰显高尚师德,平凡铸就伟大人生,此时此刻,我们一同向舍己救人的教师李芳致敬!"

据了解,"寻找最美教师"大型公益活动由教育部和中央广播电视总台主办,面向全国广大教师群体,寻访教师典型人物,展示优秀教师无私奉献、甘为人梯的精神品格。寻找活动先经由央视记者寻找、各单位和社会推荐,再由教育界著名专家从中初选出85名"最美教师"

▶ 央视网报道截图

候选人。后通过活动官方网站展示候选人事迹,以网络助力投票等互动评选的形式从中推选出"最美教师"入围者,并由活动评委以投票的方式评选出 10 名"最美教师"、1 个"最美教师团体"和 10 名"特别关注教师"奖。

记者　李鑫　　通讯员　汪星晨

原载于《大河报》2018 年 9 月 12 日

母校师生追思李芳
"我们誓做您的接班人"

芳草萋萋,落英缤纷。9月19日,秋雨中,李芳塑像静静地坐落在信阳职业技术学院(原信阳师范学校)新落成的桃李芳华园。

"为人师表大爱长存,百年传承师魂永铸"的红色长联,与墙上镶嵌的"学高为师,身正为范"的八个大字相互辉映,庄严肃穆。

塑像周围,刚入学的新生们整齐列队,缅怀英雄。2018级小学教育专业四班班长王志方代表同学们庄严承诺:"教书育人,我们誓做您的接班人!"

叫我怎能不想她

"这么有爱的一个人,叫我怎能不想她!"年近七旬的袁守格红着眼圈说。当过李芳三年政治辅导员的袁守格回忆说,李芳父亲去世得早,他们兄弟姐妹相互关爱。李芳经常带外地同学到离校比较近的二姐家改善生活。不管哪个学生遇到事，解难帮困的总有李芳。

李芳先进事迹宣讲团成员、语言与传媒学院副教授熊可书说："她曾经是我们的学生，现在是我们的榜样。我们要带头学习李芳'坚守初心，胸怀大爱'的无私精神。"

愿做薪火新传人

9月14日，辅导员宗华获得了学院举办的"不忘初心立德树人，争做李芳式好老师"演讲比赛第一名。

她无比感慨地说："生命只有一次，李芳老师却毫不犹豫地献给了她的学生。她用行动体现了共产党员的赤子忠诚、人民教师的大爱担当！"

李芳牺牲后，学院开展了"追思校友，再铸师魂"系列学习宣传活动，通过召开校友追思会、"学英雄见行动"主题班会、庆祝建党97周年专题党课、新学期开学典礼等各种形式，以及创作排练歌曲《为人师表　大爱无疆》《母校的呼唤》等，追思英雄、传颂英雄、学习英雄。

9月8日，由学院教师子女、北京联合大学艺术学院副教授武定宇创作的李芳英雄塑像《桃李芳华》揭幕。

信阳职业技术学院党委副书记吴正先说："李芳老师用鲜血和生命为这所百年老校书写了'忠诚为民，爱生如子'的崭新篇章。"

扎根乡村有我们

李芳的英雄事迹传开后，学院2016级小学教育专业学生王丹和同学们的心被深深地震撼了，他们开始重新审视、规划自己的人生

▶ "李芳精神"已有后来人

坐标。

"我们来自乡村,乡村更需要我们,乡村的孩子们在呼唤我们!"来自周口农村的王丹说,"是李芳老师让我明白,还有像妈妈一样的好老师!"

王志方来自新蔡县农村,他希望毕业后能像李芳一样扎根乡村,把知识和爱洒在一望无际的田野上。

记者 胡巨成　通讯员 刘宏冰

原载于《大河报》2018 年 9 月 20 日

"全国最美教师"李芳塑像落成揭幕

贤山高耸塑丰碑,浉水低吟唱英雄。9月8日,在"全国最美教师"李芳母校——信阳职业技术学院（原信阳师范学校）,"桃李芳华园"落成暨英雄校友李芳塑像揭幕仪式举行。来自省教育厅和信阳市的有关领导,李芳老师的家属、同学、同事、好友及信阳市师生代表等1000余人共同见证英雄塑像揭幕。

今年6月,李芳为保护学生英勇牺牲。教育部和我省分别追授李芳老师"全国优秀教师""河南省优秀教师""全省优秀共产党员"河南省三八红旗手"等荣誉称号及"河南省五一劳动奖章",并在全国教育系统和全省党员干部中开展向李芳同志学习活动。9月,李芳先后获评2018"河南最美教师"及全国"2018年最美教师"荣誉称号。

当天,在李芳母校学生合唱队《为人师表　大爱无疆》的深情歌声中,随着红绸徐徐落下,《桃李芳华》塑像呈现在人们面前:朴实无

▶ 李芳塑像资料图片

华、平易近人的李芳老师闲适而坐，身边怀抱书本的女生幸福地依偎着她，两个憨态可掬的男孩向李芳老师投出求索知识的目光。

李芳英雄塑像的创作者——北京联合大学艺术学院教授、信阳籍艺术家武定宇深情地介绍，塑像选取了人民教师春风化雨、润物无声的平凡瞬间，作品的构图呈"山"字形，意在向李芳老师高山仰止、永垂不朽的高尚精神致敬。

信阳职业技术学院党委副书记吴正先表示，建造李芳英雄塑像，是为了纪念和追思优秀校友，激励全校师生永远向李芳学习，"桃李芳华园"将成为师德师风教育的永久基地。

记者 刘宏冰　　通讯员 黄文卫

原载于《大河报》2018年9月21日

岭上开遍呦,映山红

题记:
把花给你,把叶给你把心给你,把爱给你
把青春给你,把未来给你把生命给你,把希望给你一切都给你
——一首关于李芳的小诗

引子

杜鹃花开,漫山映红。

春末夏初,是大别山最壮美的时节。石头缝、河道边、路两侧,映山红生长着、盛开着,恣意顽强,灿若云霞,用全部力气装扮这块红色的土地。

映山红的气息,总能激发人们对生命的热爱,总能勾起人们对英雄故事的回忆。

红土地上的映山红啊,你是一朵平凡的花,更是一抹壮丽的红!
……

雨丝,飘落在一棵棵冠盖如云的香樟树上。重重碧绿中,间杂着几片被凉意催成微红的老叶。

信阳的秋天,便从这树梢上长了出来。

平桥区信阳供电公司华星小区6号楼的一户人家里,代雨辰拿起妈妈的遗像,用软布轻轻擦拭着。

看着黑白照片上那张亲切的笑脸,她低着头,轻轻说着。絮絮的声音,从繁茂苍郁的香樟叶间透了出来。

"妈妈,我又梦见你了,你喊着我的小名'晶晶''晶晶'。

"梦里,还是每个周末家里常见的样子:你系着围裙正炒菜,爸爸吭哧吭哧拖地板,我呢,在阳台上晾衣服。咱们仨说着二姨家好玩的事,都哈哈笑了。

"我通过了信阳市学生资助管理中心的考试。你和爸爸最想看到我认真工作的模样,可是我再也没有报答你的机会了!

"你一直想去云南看看,说这个暑假一定带我去。上周我带着你的心愿去了那里,拿你的手机拍了好多美景,你看到了吗?

"你种的君子兰我擦了叶片,吊兰的枝蔓已经拖到了地上。十几盆多肉植物我怕养不好,分送给像你一样爱花的亲戚朋友了,你不会怪我吧?

"放心吧,我会照顾好爸爸。像你那样一天三遍叮嘱他少抽烟,更不许偷偷喝酒。

"想你的时候,我一遍遍翻看你的手机,翻看你的微信,可是你再

112　◉ 红烛之芳

▶ 插图/王伟宾

也不会跟我说话了！小时候你给我唱的歌里说，'儿想娘，扁担长；娘想儿，路来长'，你在的时候，我哪里能体会到这些呢？"

代雨辰念叨的妈妈，是信阳市浉河区董家河镇绿之风希望小学的语文教师。她的名字叫李芳。

三个多月前，面对一辆失控冲来的车辆，李芳用血肉之躯，为学生撑起生的希望，以身殉职。

"全国优秀教师""2018年最美教师""河南省优秀共产党员""河南省五一劳动奖章"……社会各界的赞誉纷至沓来，四面八方的注目礼像绵绵不绝的雨丝，浸润着她工作生活的中原大地。人们为一名好老师的离去痛惜不已，也为一位英雄的离去扼腕落泪。

岭上开遍呦，映山红。岭上开遍呦，映山红！

……

生死两秒钟

一个人的能量有多小？小到不过浩瀚天河中的一点星光。

一个人的力量有多大？大到能用血肉之躯抵挡千钧。

空山新雨后。浉河区董家河镇。

"四望红土地，万亩绿茶园。"小镇背倚的四望山，是著名的革命遗迹。1927年，这里爆发"四望山起义"，创建了纵横数百里的红色根据地，素有"红透了的四望山"之称。50公里外，就是当年的鄂豫皖苏区首府所在地，红四方面军、红二十五军、红二十八军，三支主力红军都诞生在这里。这块红色的土地和它孕育的映山红一样，在中国革命史上赫赫有名。

浴血奋战,铁马金戈,换来了平静幸福的生活。如今,小镇挟大别山余脉的起伏山势,拥南湾湖澄澈的千顷碧水,默默奉献着品质最优的信阳毛尖,清新素雅得仿佛一幅水墨画。

时针拨回到 2018 年 6 月 11 日,一个普普通通的周一。

下午 5 时 30 分,清脆的放学铃声响了,绿之风希望小学的学生们在老师引导下,集合列队,准备回家。

出校门向东走 50 米,就是环湖路与信随公路的交叉口。两条路,一条北高南低,一条西高东低。

校门外,站满了等待接孩子的家长。大人从老师手中接过一双双稚嫩的小手,金灿灿的夕阳下,回家的影子拖得很长。

5 时 50 分许,李芳和同事一起,护送一队学生来到了交叉路口,由西往东正在过马路。

就在这时,危险逼近了!

一辆装有 800 多斤西瓜的三轮摩托车,因严重超载、刹车失灵,沿着四五百米长的坡道,从北往南俯冲下来。

车速越来越快,像一只张着血盆大口的猛兽,眨眼间就冲到了他们面前!

人们吓傻了。

车辆从身前 20 厘米处擦过去,刚刚接上女儿的杨国应吓得立在原地。十字路口东南角小烟酒店的老板叶青张大了嘴,一声"啊"却没有发出来。

时间定格,呼吸停顿,连空气都凝固了。

"有车,快走!"只听李芳大喊一声,刹那间,她将面前的 4 个孩子奋力一把推了出去。如同护雏的母鸡,她两手张开,迎着北方,挡在碾压过来的车辆和孩子们中间。

柔弱的身躯化成了一座青山,镇住了猛兽。

电光石火间,她被重重撞上,向南飞出去数米后,后脑勺朝下,倒地。车辆的冲势得到了缓解,继续冲出百十米后撞上三层台阶侧翻,终于停了下来。

生与死,只有一步之遥。

从看到肇事车到做出反应,留给她的时间只有两秒钟。

这两秒钟,足够她跨上一米开外的路沿,足够她躲开死神,确保安全。

然而,她本能地,毫不犹豫地,把生的希望给了学生!

穿着碎花上衣的山乡女教师,倒在了这片养育她49年的土地上。

"当啷",腕间戴了20年的和田碧玉镯,跌落的那一刻发出一声脆响,摔成几节。

那一声脆响,把停下的世界唤醒了。

杨国应回过神来,把女儿往路边一抱,边冲过去边拨打110。叶青三步并作两步,跑向倒在地上的孩子和大人。路口指挥学生过马路的值班老师陈燕、张勇,带队的老师张静等拥上来,检查李芳和孩子们的伤势,拦住路边一辆面包车,以最快的速度送师生五人去医院。

20多公里外,几片浓重的云彩掠过,李芳在市区工作的丈夫代业明感觉,天似乎暗了。

下午6时30分左右,浉河区教体局局长殷世明等人,在距离学校最近的一五四医院等到了面包车。4名学生一人头上破了口,另外两人轻微擦伤,还有一名学生毫发无损。

这么严重的事故,孩子们的伤情比想象中轻! 殷世明悬着的心放下了一半,赶紧去看李芳。

这,是他第一次见到李芳:

她躺在那里,穿着碎花上衣和那条她最爱的白色裤子,脚上是一双高跟鞋,是时下"最老师"的打扮,大方得体;

她面容清秀,样子干干净净的,身上几乎看不到任何伤痕,及耳的短发听话地伏在额上,除了右眼窝一滴晶莹的泪,她面容平静,好像睡着了一样;

月牙般爱笑的眼睛闭上了。

"妈——妈——"一个声音,不,好像很多声音,有些含糊地喊道。

"妈妈——"又喊了一声,无比清晰。

此刻,她的意识和现实之间连接的通道,越来越窄,越来越细。

要告别这个世界了吧! 真舍不得,舍不得!

由于伤情严重,晚8时左右,李芳被转到了信阳市中心医院,即刻送进重症监护室。

医生诊断的结果是脑干受损,人体的生命中枢受到严重撞击,成为致命伤。

家人、亲戚、同事、同学、学生、学生家长纷纷赶来,焦灼、悲伤充斥着,压抑着。

当晚,CT报告被送到武汉协和医院、武汉同济医院进行专家会诊。每一个参与救治的人,都在极力挽留这个山乡女教师的生命。

她始终没有醒来。

6月13日凌晨4时40分,刚刚度过49岁生日的她告别了这个世界。

医生宣布抢救无效的话音一落,守望的人群中立刻哭声一片。

朴实、真挚、隽永之爱,带着映山红独有的花语,那枚叫李芳的花朵,静静地,静静地,回到了她深深眷恋的红色土地。

那一刻,东方既白。晨星拼尽力气,焕发出最后一丝璀璨的光芒。

岭上,开遍大别山的映山红,即将结束奔放热烈的花期,萎落在地,化作春泥。

点点烛光,我们一起为你送行

谁能想到,那场追悼会,竟然沸腾了一座城,感动了一个国。

在网络上,不过数日,李芳事迹的报道链接就达到了8万多条,很多文章阅读量破千万,数不清的网友点烛献花,祭奠这位毫不相识的山乡女教师。

董家河镇是李芳出生、成长、工作的地方,乡亲们知道她难离故土,就把灵堂安放在镇上的一个山湾里,隔河就可以看到绿之风希望小学。

6月16日,刚过清晨6时,就有人朝这里聚集。就像暴涨的溪水,渐渐地,越来越多的人,自发地、主动地,从四面八方汇聚到这里。

魂归贤山,灵存浉水。"李芳老师一路走好""感谢你的勇敢""忠诚留在土地,芳华浸润山娃"……道路两旁,素黑的挽联连接起长长的悲伤,人们默默守候着,送李老师最后一程。

与此同时,千里之外的深圳火车北站,一个男子攥着一份报纸,一会仰头看大屏幕上的车票信息,一会低头刷着手机,急得快要哭出来。

他是李芳在初中任教时教过的一名学生。看到老师遇难的报道，他五内俱焚，立即收拾行李赶到车站，想赶上见她最后一面。

"让我上车吧！我补票，多少钱都行！"

"你们看，我没说假话，这个，报纸上这个，就是我的老师。"

他语无伦次地说着，掏出身份证比画着，围在他身边的人也越来越多。

无奈，恰逢端午假期第一天，最近四五个小时里，深圳到信阳的高铁票已经售罄。

赶不上了！赶不上了！他把报纸揣在怀里，蹲在地上抱头痛哭……

灵堂外，四五千人的送行队伍，绵延了几公里。他们中，很多人与李芳并不相识。这一刻，他们不嫌路远，从郑州、洛阳、北京、河北、山东、安徽、广东甚至内蒙古赶了过来。

绿之风希望小学二(3)班的学生来了，一句"李老师"就哽住了。孩子们跪在灵前，久久不愿起身。

几十张贺卡被一一摆好，他们边说边哭："李老师，这些贺卡都是这两天我们自己做的，大家都说，只要做的时候诚心诚意，您就能回来。"

还有的学生哭着喊："您教我们怎么过马路，遇到地震怎么逃生，您自己怎么没躲过去呀！"

"要不是您，四个家庭就毁了。"一名被救学生的家长，不时用手背抹一下眼睛。

"春天的时候，咱们还说好一起去看映山红，现在再也约不到你了。"她的同事泪流满面。

"我也是教师,你让我因从事这个职业倍感光荣。"一位风尘仆仆来自甘肃的老教师,庄严凝重地献上一束鲜花。

"李老师教过我的儿子。今天儿子出差回不来,叮嘱我一定替他送送老师。"一位母亲哭着说。

李芳80岁的邻居曾奶奶也来了,老人腿脚不方便,让家人一大早用轮椅把她推到了灵堂。

哀乐低回,人们眼里含着热泪,面对李芳的遗像,深深地一鞠躬、再鞠躬、三鞠躬……

除了父母,还有几个人能不要自己的命,去救别人的命?!

"李老师,一路走好!"人们扒在灵前,想再看一眼这位好老师、好同事、好同学、好妈妈。

潮水般的声音一波波涌来。27岁的代雨辰戴着孝帽,通红的双眼干干的,她看起来很平静,喃喃地说:"妈妈,我必须勇敢,像你一样。"

小小的灵堂盛不下太多哀思,哭泣声、呼唤声把附近的路挤得水泄不通。

信阳市离休干部李定洲自制了一个剪报本,他把媒体的报道收集起来,配上李芳的照片,整整齐齐贴了六七十页;

一个名叫李中连的民间艺术家用红纸剪出了"学为人师,行为世范"八个大字,用这幅二尺见方的剪纸作品表达对李芳的敬意。

一封封面落款"老党员齐若瑶"的信,从山东昌乐县寄到了绿之风希望小学。满满三页信纸上,有这样两段滚烫的话:

"你救学生的事,我在报纸上看到了。我不认识你,但是我知道,你是一位优秀的共产党员。

"生死一瞬间,保护自己是人的本能,你的本能却是守护学生。这种本能,是为师为母的爱心凝结成的,是共产党员的格局、情怀支撑着的。"

她走了,母爱、师德、党性,在那一刻迸发出夺目的光芒。

她走了,茶山滴翠,杜鹃啼血,诉说着对她的依依不舍。

她走了,无数人擎着烛光,为英雄壮行!

"我的名字是李芳,桃李的李、芬芳的芳"

"同学们好,我是你们的新班主任。这是我的名字:李芳,桃李的李、芬芳的芳。桃李芬芳,意思就是我的学生呀都很有成就,都能成为对社会、对国家有用的人。从今天起,我们一起往这个方向努力,好不好?"

讲台上,李芳背对黑板,面向学生。她笑盈盈地,目光从每一名学生脸上拂过。"好!"台下,孩子们仰起小脸,异口同声地响亮回答。

这一幕,在董家河镇中心校学生彭靖祎脑海里,早已定了格。她在绿之风希望小学上四年级时,开学第一天的第一节课,就是李芳老师上的。

如今,再次回到母校,再次来到李老师的办公室,一进门,小姑娘的眼眶就红了。

这是一个七八平方米的房间,里面坐了八位老师。李芳的办公桌,还保留着她生前的样子。

"值日教师"牌、党员徽章整齐地摆放着,老花镜盒打开着,仿佛随时都会被主人"披挂上身"。这副老花镜,爱美的她平时是不戴的,只有给学生批改作业的时候,才会被架到鼻梁上。

桌上放着小学生古诗词教辅书。三本《新华字典》,有两本都被翻得起了毛边。学生作业本上搁着好几张星星彩纸。

桌角竖着一大束菊花,这是今年教师节,绿之风希望小学送给每位老师的礼物。虽然已经枯萎,但橘红的花朵还保留着明艳的色彩。

一只小小的搁物架上,有两个大约10厘米高的药瓶,里面装着一粒一粒的抗过敏药。

她身体不太好,有严重的过敏症,一到光照和灰尘大的地方,就容易出现皮肤红肿。站在讲台上,吃粉笔末在所难免,但她都是自己吃药克服,从来没有要求过特殊照顾。

执教29年来,她基本没有请过病假,趁假期去看了病,回到学校也压根不提。了解她的人都知道,她就是怕耽误上课,耽误了学生学习。

绿之风希望小学的很多学生家长都在外打工,二(3)班60多名学生,三分之一都是留守儿童。那些父母不在身边,特别是家庭困难的孩子,她最牵挂,她的目光也在这些孩子身上停留得最久。

班上有个小姑娘叫郭梦楠,因为爸妈长期不在身边,总是一副闷闷不乐的样子。李芳经常开导她:"梦楠,爸爸妈妈在外地上班,是为了给你更好的生活。我相信,他们非常盼望和你在一起,就跟你想他们的心情是一样的。"

何宏也是李芳班上的学生,他的爸妈都是茶农。何宏家里条件不好,他的爸妈一年到头忙于生计,除了一身干茶渣子和略显湿霉的茶味儿外,很少给孩子带来些啥。这个比同龄人矮上半头的小男生,总是不爱说话,一到公众场合时就不知所措,同学们甚至不熟悉他的声音。

好在李芳的热情在一点点地改变他。课堂上,校园里,仿佛对上老师月牙般的笑眼,孤单和恐惧就退潮了!特别是去年冬天,那天下了课,李老师把他叫到了办公室。屋里没其他人,老师往窗外瞅了又瞅,确定没人路过,才拿出一件崭新的棉衣。她说:"这是我给亲戚买的衣服,尺码没量好,他穿不上。我看你总是穿着这件胖胖大大的外套,换上老师这件吧,暖和。"8岁的男孩内心涌起酸热,即将冲出口的一声"谢谢",最终还是被羞怯憋回了肚子里!哪有男生主动戴袖套啊,但这以后,何宏却坚持戴上了袖套,生怕磨损了这件珍贵的棉衣。

感情一直积蓄到追悼会上。大人们都在忙碌,没人留意一个孩子在想什么。"妈妈!"在同学们的哭喊声中,两个字从何宏嗓子眼儿里清晰、响亮地爆发出来。这一嗓子,让在场人的眼泪一下子流成了湍急的河。

母爱、师爱、善念、暖意,如同春风化雨,润泽心田。

她爱穿高跟鞋,特别是穿裙子的时候,走起路来裙裾轻摆。但怕影响孩子们午休,只要中午到班里来,每次她都不忘记换上软底鞋。

不经意的体贴,深深刻进孩子们心中。

就在挡车救人壮举发生前几小时,她还在跟一位学生家长联系,为一年级一名学生摔伤的事情跟家长交流情况。这是她的手机拨出的最后一个电话。

她走到哪里,哪个班班风就会有变化,学生变得更加乐于助人,更加团结友爱。用其他老师和家长们的话说,她就是"一只萤火虫",用温柔可亲照亮身边人的心田,靠近她的时候,不自觉地就想模仿她。

熟悉李芳的人都知道,她有着低柔的声音、温婉的外貌,有着淡泊随和的性格,但也有一颗坚韧上进的心。

代雨辰记得,小的时候妈妈经常给她讲的一本书就是《钢铁是怎样炼成的》,家里存放着好几个版本。

妈妈常说:"晶晶,我不能每天陪在你身边,很多时候你要独立生活,要像保尔那样勇敢,勇敢地面对,勇敢地承受,勇敢地成长。"

妈妈还说:"晶晶,毕业后待业这一年,算是一种磨砺,你要向保尔学习,越是困难的时候,越不要把时间花在怨天尤人上,只要努力,一切都会好起来。"

她不仅言传,更有身教。

教学资源不比城里,父母经常不在身边,怎么才能教好这群山里娃?李芳心心念念于此,没少动脑子、想办法。

她的办公桌上,有一摞贴纸很是抢眼,红的、绿的、黄的、蓝的,是一颗颗彩色的星星。这是李芳改作业时常用的"神器"。她会根据孩子们的表现,用不同颜色的星星表达赞许或督促。每到发作业时,孩子们最先做的事,就是看看李老师今天送给自己一颗什么样的星星。星星集多了,可以从老师手里换小文具,还能换糖吃。

让学生挑错,是她上课常用的招数。生字学过一段时间后,她都会带着学生从头复习,故意写错几个字,让学生在黑板上辨认,从挑错中加深印象。她带着孩子们来到操场、校外,把铅笔、橡皮和写有问题的小纸条藏在草丛中,回答正确的孩子就能拿到奖品。

她发明了唱读课文,学生都很喜欢这种学习方式,全班学生的成绩都得到了明显的提高。她建了一个微信群,随时和家长交流,这一段谁进步了,谁表现得不太好,是不是有什么原因。

她的一生,就是在攀登责任的阶梯。

她改作业特别认真,经常把学生叫到身边辅导功课。讲就讲吧,还一遍又一遍,直到学生真懂了、真会了,用自己的话描述正确了,她才"放行"。

她老是说,中国人得写好中国字。哪个学生字写得不好,她就用柔柔的声音反复"敲打",不光跟学生说,还会跟家长"念叨",在微信里、在校门口接送孩子见面时……保准再忙的家长也忘不了。

她对学生,是发自内心的爱。"爱生如子",她当之无愧。

"城里不缺好老师,这里缺"

不走进李芳的世界,就不会了解,用一生为"扎根基层"作注,是怎样一种状态。

不走进山乡教师这个群体,也不会了解,这些"一身土味儿的灵魂工程师"是怎样一个值得尊敬的群体。

1986年7月23日,17岁的李芳在报考志愿书上写下这样一段话:

"我自愿报考信阳师范学校,毕业后愿意到边、偏、远、穷山区任教,一定服从组织分配。"

在学校就读的三年,她越来越体会到,这句承诺的分量有多重!

信阳师范学校,即现在的信阳职业技术学院,创建于1903年,是全国最早的中等师范学校之一。

"严谨、勤奋、团结、文明"的百年校训,不光教给她为师的素养,更塑造着她做人的品行。

20世纪八九十年代的中师生,是按全才理念培养的,语数外、理化生、政史地、体音美,都要学习;毛笔字、钢笔字、粉笔字、简笔画、弹琴跳舞,都要训练,用现在的话说,他们是"含金量"颇高的一代人。

入学成绩远超重点高中录取分数的她,每天在教室、琴房、体育场苦练各项基本功,宛如一尾灵动的鱼,在知识的海洋里尽情畅游。

上课认真学,下课爱提问,她对学习的执着,给老师们留下了深刻的印象,是同学中当之无愧的佼佼者。

当年的语文基础知识课老师熊可书,至今仍保留着一张30年前的成绩册。这张发黄的纸片上写着:李芳,平时成绩考核18分(最高分20分),期中考试成绩91分,期末考试成绩92分,全班第4名。

人这一辈子,能遇到一位好老师,是很幸运的事。

当年教政治课的袁守格,是李芳最喜欢的老师之一。这位毕业于名牌大学的高才生,先是放弃了留校任教的机会,再又放弃了安家省城的机会,来到相对偏远落后的信阳,从青春韶华,到两鬓染霜,一教就是30多年。

香樟旁、星空下,师生间有过几次类似的对话:

"老师,留在大城市,发展机会不是更多吗?"

深山里长大的孩子,对山外的天地,显然有着更浓烈的探知欲。

"你说的这个发展,对个人来说的确如此。但是对你要从事的职业来说,对于一个个需要你来开启世界的学生来说,并不总是如此。老师的使命和天职,就是最大限度地提升自己,到最需要自己的地方去。"

无论是早已退休的袁守格,还是依然坚守讲台的熊可书,这是他们共同的认知,更是他们毕生的实践。

时光流逝中,基因在传承,传统在赓续。

……

那是一张她在校园留下的剪影:身着黄衫白裤的少女,轻倚着香樟树,清秀的面庞上,眉梢眼角微带笑意,透出些许对未来的期待以及自信、坚毅。

1989年7月,20岁的她以优异的成绩从信阳师范学校毕业,来到董家河黄龙寺小学,掀开了29年执教乡村学校的第一页。

黄龙寺小学地处大别山腹地,翻过一座山头,就是湖北地界。

她来的时候,这里仅有一条长10公里、宽不足2米的崎岖山路与外界相连,是董家河最偏僻的一所学校。

当地人爱这样调侃:董家河离浉河区15公里,温度低3℃;黄龙寺离董家河15公里,温度再低上3℃。

山里没有电,到了晚上,只能点个小煤油灯备课、改作业;

不通班车,出行只能靠走路或骑自行车,晴天一身土,雨天一身泥;

蚊虫成群,敏感体质的她常常被咬出一个又一个大红疙瘩,又痒又痛;

学校缺教师,一个人就得包揽几个年级的多门课程……

上班头一个月,她去二姐家串门,说话间,脸上总是挂着开心幸福的笑。

"芳啊,都说你们学校条件不咋好,你看你都瘦了。"二姐有些担心。

"谁说的?我们学校有山有水,特别美!学生和他们的家长都很好,对老师特别看重！学校院子里还有三棵桂花树，校园里甜香甜香的，特别好！"

满满的爱，把苦酿成了甜。

2004年，丈夫代业明工作调到了谭家河，女儿代雨辰也考进了平桥区的初中，一家三口开始了"三地分居"的日子，周一到周五各自忙碌，周末才聚到一起。

像极了生命力顽强的映山红，一旦扎根就咬定青山，坚守着，绽放着，给大地带去无尽生机——

29年来，她始终没有离开过董家河镇，没有离开过乡村学校的讲台，没有离开过山娃们，直至春蚕丝尽、烛泪始干。

29年来，平时住学校宿舍，周末才能见到亲爱的家人，这样的日子她已经过了整整14年，5000多天。

外人不知道的是，作为一名资格老、表现好的公办老师，她毫不费力就能调到市区，这些年机会不下十次。

浉河区教体局推出了选调回城举措，在农村学校任教的老师可以参加选调考试，同时按照在基层教学的年份，一年积0.5分或1分。达到一定的分数，就能调到城市学校工作。去年，区里回城的农村老师，平均工作年限为7.8年。而她29年的工龄，几乎是这个数字的4倍！

家人、亲戚、同学都不理解，各种话都说尽了：

"多分点时间给家里人吧，当好陪读，女儿上高中学习多紧张。"

"在这待到退休，还能待出个金牌来？"

很多时候她只是笑笑：

"山里老师本来就少，我走了，谁带那些孩子？

"城市不缺好老师,这里缺。"

"董家河人熟、地熟,感情深。每天看到山里娃儿的笑脸,我很开心。"

李芳在信阳师范学校的同学聚会时,经常谈到现在一些师范毕业生"下不去、留不住、干不好、不从教"。乡村教师数量少、年龄大、素质偏低、流失严重,让老师范生们颇为忧心。

"给山里娃留住更多的好老师,我们有一点就做一点。"她总爱这样结束讨论。

二三十年过去了,当年班里的文艺委员李芳对这份职业的感情不仅没有变淡,还越来越醇厚了。

在绿之风希望小学,每一个来学校实习的老师都愿意拜她为师,因为她特别耐心,总是不厌其烦、事无巨细地教他们怎么上课、怎么克服心理障碍、怎么提高学生的学习热情、怎么管理班级,等等。

去年刚来上班的陈静老师,不会带一年级新生,有时候学生吵吵闹闹"弹压不住",她就嫌自己笨,坐那儿生闷气。

李芳一看新老师的脸儿就知道咋回事。"不要急着讲课,要先搞好行为习惯教育。"她亲切地说,之后把培养行为习惯的"秘诀"手把手地传授过去。

知道她有能力,遇到难题,校长都会习惯性地找她商量。

去年,她接手了二年级三班的语文课,兼任副班主任。这个班原本是同年级成绩最弱的班,不到一年,成了全校的尖子班。

二年级三班的班主任罗银森,也是她带的徒弟。俩人一块儿共事,学习上、班级管理上、怎么建立班规、怎么多树榜样,她倾心地教,他认真地学。

在几个"90后"同事那里,她有个外号:李妈妈。说起李妈妈,年轻老师们个个有话说。

李妈妈是个"热心肠"。

绿之风希望小学有很多老师家都不在镇上,他们有来自市区的,还有不少外县的。周五下午回家,周一一早上班,是大家普遍的生活状态。为了让他们周一上班从容些,她总是自己开车,接上好几个同事,一起去学校。

去年调到学校的杜丹丹,为了赶上班车,不耽误7点半升国旗,第一个周一五点半就起床了。

一到学校,气喘吁吁的她就接到了李芳的邀请:坐我的车,周一我接你来学校。这样一来,新老师可以节省一个小时,并不顺路的李芳至少得提前20分钟出门。

她的车经常是满员状态。大家一路上说说笑笑,都说有了李妈妈,下雨不用怕路堵,下雪不用怕路滑。

李妈妈还是位"供应商"。

工作日里,很多老师都住在董家河镇教师公寓,两个人一间房,李芳也在这里住。几年里,她给宿舍添置了电视、冰柜,不大的房间满满当当,却也整洁温馨。

周一早上,她总是随车装一堆水果、肉、速冻食品等,放到冰柜里。一到周末她就把钥匙交给同事,让不回家的老师到她房间做饭、看电视,改善生活。

她喜欢花,更喜欢养花,在宿舍摆了一溜儿多肉植物。每天早上搬上窗台,下午出门前再搬回房间,她乐此不疲,照顾得很是精心。

别人养的大多小小的,她养的却个个碗口大。小姑娘们养不好就去找她讨教,每次都不会失望。

李妈妈更是大家的"大后勤"。

去年寒假前几天,信阳突降暴雪,气温骤降。几位家在外县的年轻老师赶不回家,她把自己的棉袄拿来给他们御寒。

一桩桩、一件件、一点一滴,事情再小不过,但对于同事,特别是新老师们,却是实实在在的帮助,是莫大的温暖与感动!

"李妈妈"——"90后"们跟她的女儿差不多大,这一声她们喊得发自内心,再亲昵不过了!慢慢地,这个称呼叫的人越来越多,李老师的很多家人朋友也都知道。

面对大家的感谢,她总是笑笑,"不值啥""举手之劳嘛"。

她的同学、挚友姜素梅却有着不同的理解。"李芳身上,不仅有山乡女子的懂事体贴、会照顾人,更有资深老师对教师职业、对教育事业的责任与担当!"

正如她有一次在微信里跟好朋友聊的那样:

"年轻老师是山区学校的希望。年轻老师们尊敬我,其实他们愿意到逛不着商场、吃不到大餐的山沟来,我更敬重他们,总想为他们做点什么。"

从绿之风希望小学驱车一路向西行驶20多分钟,就是当年她教书的地方,如今的黄龙寺小学。

山路蜿蜒,早年的泥土路早已被水泥路代替。路两边,茶树畦畦,粉墙黛瓦,山顶白色的水雾,与云层厚厚的天融为一体。

站在学校门口,眼前一亮!

硬化地面干干净净,图书室、宿舍楼一派崭新,年轻老师在课堂上带着学生读英语。

放了学,几名老师有说有笑组织烧烤,住校的孩子们则排着队吃饭、洗碗。青春活泼的气息扑面而来,和想象中的深山学校大不一样。

黄龙寺小学14名老师里,12个人都是"90后"。35岁的校长朱阳阳,在学校里已经算年龄上的"第一梯队"。

说起李芳,他一连用了三个"特别理解":

"我特别理解她牺牲前以身挡车的举动。教育是心灵与心灵的碰撞,每个好老师都会发自内心地爱学生,把学生放在自己前面。

"我特别理解她坚守山村学校29年的举动。这里的一砖一瓦、一草一木都是我们看着建起来、长起来的,投入多少,就有多少深情。

"我特别理解她对年轻老师爱护与鼓励的举动。山里娃们能不能有人生出彩的机会,就看他们了。作为前辈、长辈,她想让他们留下,留得更好。"

周一到周五留在学校,周末返家,这样的日子朱阳阳也过了好几年。山路不好走,去年冬天下大雪,他陪一位男老师到市里打结婚证,下山到镇上,一步一滑,足足走了4个小时。

"平时照顾孩子都推给了媳妇儿,我很能体会师姐的那种心情。况且她是妈妈,她比我对家庭的愧疚更多、更重。"

朱阳阳还记得,出事前一个星期,李芳老师打来的那个电话。

"阳阳,下学期老师紧张不?紧张了你就说,我申请一下,带几个骨干老师去支教呀。"

正是桂子飘香的季节。

校园里,三棵桂花树依然吐绿绽芳。微风拂过,那个正值桃李年华、在树下捡拾桂花的女子,人们仿佛还能看到她那娇俏的身影,依稀听到她银铃般的笑声。

如今,黄龙寺小学的"90后"老师们,像20年前的她那样,穿梭在校园里、山水间,面容欢快,身姿轻盈。

一枝红杜鹃,点燃了满山映山红,熠熠夺目,如火如荼!

大别山的女儿,对党的感情很纯很深

李芳的微信昵称是"繁星点点"。翻开她的朋友圈,有一条内容点赞最多。

那是4月21日,董家河镇中心校党总支组织党员参加徒步大会。不爱运动的李芳积极报了名,12.6公里的小马拉松,她坚持走完了全程。

她写道:"破了自己的纪录!"配上小企鹅蹦蹦跳跳的表情,发到了朋友圈。

代业明清楚地记得,妻子那天早上出门时的样子:

乌黑的头发别在耳后,越发衬出她白皙朴实的面庞清丽动人。一身运动装显得活力十足,看起来比实际年龄小上十岁。

诸如此类的活动通常都放在假期举行,但代业明从来都很支持妻子参加。他知道,李芳骨子里信仰坚定,这是她充沛活力的来源。

四望山、老君洞,李芳小的时候,就经常来这里玩耍闲坐。听着红军的故事长大,大别山精神,在大山女儿幼小的心里生了根、发了芽。

"我将以一名党员的标准严格要求自己,处处起模范带头作用。"

在信阳师范学校读书时,她提交的第一份入党志愿申请书上,娟秀的字体清晰可见。

那个年代,像她那样申请六七次才入党很是寻常。红色的基因再加上文化的熏陶,她对党的感情有着特殊的纯与深。

1988年3月,李芳成为一名共产党员。时隔整整20年,她用生命践行了自己当初的誓言:为党和人民的利益牺牲一切。

中心校校长杜明良对李芳印象深刻。凡是支部举行的党员集体活动,每次都能看到李芳的身影。

农村党员党费收缴难,在几年前是个普遍现象,然而绿之风希望小学党支部的党费总是缴得最快、最全。每年李芳都是第一个到支部缴,起到了很好的带头作用。

去年年底,绿之风希望小学党支部举行党的十九大精神集体学习活动。李芳的发言,被很多年轻老师记在了本上:

"新时代怎样做一名优秀的共产党员?我的理解就是坚定跟党走,干好党和人民交代的工作。

"作为老党员,我更要忠于党的教育事业,要学在前、想在前、干在前,平常工作看得出来,关键时刻站得出来,危急关头豁得出来。"

帮助新入职的年轻教师尽快适应环境、提高能力,像这种"吃力不讨好"的事,她却甘之如饴。她总是主动给年轻人"当老师",在绿之风希望小学,她5年就带出了20多名"教师学生"。

翻开她的档案,很容易发现这样一个现象:这位大家交口称赞的好老师,获得的市(区)级优秀班主任、教学能手等荣誉,都是2010年之前的。近8年来她没有接受过任何荣誉和表彰,殉职前,仍然是一名中小学一级教师,这是小学教师的"起步"职称。

王斌心里很清楚这其中的故事。不过有时,领导和下属之间也会开开玩笑:

"你的职称早该晋一晋咯,升一级工资能多拿好些钱!

"总把荣誉让出去,你就不为自己考虑,也得为我考虑呀,多几个高级教师我更有面子。"

这是校长的打趣。

跟校长同龄的这位资深教师笑着这样回应:

"钱嘛,多了多花,少了少花。

"荣誉给我还是给年轻伢,都是绿之风的,你都一样有面子。

"我再干几年就退休了,年轻人更需要荣誉和职称去激励。"

听她的课时,老师们注意到,她喜欢"加料"。

她注重把社会主义核心价值观贯穿其中。课堂上每每念到党、祖国、人民这些词语时,她都满怀深情、反复吟诵,她也会随着课文再讲一些英雄模范的故事。

"下课了,放学了,李老师经常和我们谈天说地。她讲得最多的,就是家乡四望山的革命故事,还有大别山的红色历史。"

"有一句话她反复说,我们今天的幸福生活来之不易,千万不能忘了这片红色的土地。"她的学生说。

爱党、爱国、爱家乡,她想让山娃们记住这笔宝贵的精神财富。

"习近平总书记提出'四个自信',我们要让'四个自信'进课堂,特别要把优秀传统文化与大别山红色文化融入教学中。"她在自己的教学总结上写下了这段话。

"李芳？就是那个带病坚持学习的老师吧？"时隔近三年,提到信阳乡村教师李芳,河南师范大学仍有不少人记得她。

2015年11月,她参加了在河南师范大学举行的业务培训。当时,李芳饱受甲状腺结节的困扰,身体比较虚弱,动作幅度稍大些就微微地喘,有时还会发热。但是她不想放弃这个学习提高的机会,带病坚持到培训结束。

结业的时候,这位"病人"还主持了一场联欢会,让每个人都总结了自己的感悟和心得。在她的组织下,联欢会很成功,气氛很好。

这让她很兴奋,回来后她跟王斌说,自己得到了培训老师的表扬,给乡村教师争了光。在她屈指可数的自我表扬中,这算很高调的一次。

学在前、想在前、干在前,这是一名人民教师的道德良心和职业操守。

吃苦在前、担当在前,这更是一名共产党员的信念、忠诚与初心!

想念她不仅是因为她不在了,更是因为她很美、很善、很暖

"不笑不说话""爱美爱生活""心胸开阔""总是轻声慢语""会照顾人""大度不计较"……

把身边人对她的印象提纯出来,能得到这样两个词:如水、似茶。

包容淳朴、大气无争,以超越一般人的胸襟和气度,为身边的人带来温柔如水般的滋养。

别具灵气、不骄不躁,让生活磨砺凝聚的人生精华变成一茗香茶,慢啜细饮间为人们回馈甘甜。

"想念她,不仅是因为她不在了,更是因为她真的很美、很善、很暖。"人们提到她时,这是说得最多的一句话。

人们都说,一个经历过苦难的人,更容易懂得感恩。

她就是这样,用乐观开朗将苦难磨砺成一粒粒珍珠,在岁月的淘漉中散发出温润的光。

1982年9月,她考入董家河乡中学就读。那时候还没有普及义务教育,山村人家基本上都一样清贫,女孩子能进入初中读书已很不易。

14岁那年,家里遭遇重大变故,她的父亲去世了。经济支柱倒了,母亲带着九个子女,生活一下子陷入了困境。

好在,她当民办教师的小哥支持妹妹继续求学,资助她读完了初中。在接济中度日的辛酸,她尝了不少。大山的女儿暗下决心,要继续上下去,要用好成绩说话。初中三年,她的成绩一直名列前茅。

尽管中考分数足以上一所重点高中,但是报考时,她还是选择了师范院校,她想尽自己的能力,早点为哥嫂减轻负担。

她的善良是一种天性,更是苦难中开出的花朵。她不忍心看到谁生病了、遭难了,总想尽自己最大的能力,多为别人驱散一点阴霾,带来一点欢笑。

在信阳师范学校就读时,入校第一年,国庆节放假,家住附近的同学都准备回家。来自新县的汪敬荣却一个人坐在教室里,为不能回家看父母难过。

她一见此景,就把汪敬荣拉到了跟学校一墙之隔的二姐家一起过节。此后每到周末,她就分批带同学去二姐家玩,改善伙食,热闹热闹。三年里,班上同学几乎都去过她二姐家。

"她那么早就失去了父亲,没人比她更懂得孤独的滋味,但她总是帮别人忘记孤独。"汪敬荣感慨地说。

班上有位男同学得了急性肾炎,他的家人在偏远农村,赶不及来照顾。在她的安排下,同学们轮流到医院当陪护。

在这以后的两个月里,她奔波在学校、医院、二姐家这三点之间,还请二姐帮忙,炖好了少盐的鸡汤、排骨汤送到医院。

前几年在微信群里,这位同学还念念不忘:"李芳对我有恩啊。"一句话,让大家心里都暖了起来、亮了起来。

班里同学大多家庭比较贫困,有的男生饭量大,饭票不够用,她常常把自己省下来的饭票送给他们。

在给同学的毕业留言册上,她半开玩笑地写道:出生年月——春夏都拥有,家庭地址——深山老林。开朗活泼的性格一览无余。

在老师和同学眼中,她既是善良的化身,又是快乐的天使。她心中有阳光,无论走到哪里,带来的都是明媚一片。

她是一位好同学、好同事,也是一位好妻子、好妈妈。

有两个人,记者始终不忍触碰,那就是她的丈夫代业明和女儿代雨辰。

没有人能体会,最亲的人离去了,他们心中埋下的苦痛和暗自吞咽的孤独。

但也没有人比他们更懂得,一个妻子的大快乐与小烦恼,一位母亲喜欢什么、盼望什么。

代业明语气很轻,轻得仿佛怕吵醒了黑白照片里的妻子。他面前,摊了一桌子相册、照片。

"这是我们去北京旅行结婚的记录,足足一本,有几十张。"代业明一张张翻看着。天安门、颐和园、北海公园,都留下了新婚夫妻的俪影。照片里,她无一例外,依偎在比自己高一头的丈夫身边,浅笑嫣然,幸福甜蜜。

他说,当年自己对李芳是"一见钟情"。

1989年的一天,在黄龙寺小学教书的她下课后,在宿舍里见到了介绍人和代业明。

对上视线的那一刻,代业明就喜欢上了她。这个漂亮、开朗的女孩,就是自己想找的那种对象。

碍于有人在场,代业明没有多说,只是临走时借走了一本《青春之歌》。"其实这本书我早就看过,当时就是想借还书的机会再见到她。"

很快,两个年轻人有了单独相处的第二次见面,就有了小伙子真情的表白:

"我挺喜欢你的,想跟你处对象,你……"

"嗯。"李芳声音细小,一脸羞涩。

代业明家兄弟姐妹九人,他是唯一的男孩。妻子的一言一行,自然是姐妹们眼中的焦点,相处起来谈何容易!

"她们想不到,这个女娃这么温柔、善良、单纯。我这八个姐妹很快就接纳她了,还亲昵地叫她'开心果''傻老五'。"回忆往事,代业明口气中仍然带着怜爱和自豪。

在董家河镇,她一下了班就去看公公,最多隔一天。每次去,都没有空过手,总是带着老人爱吃的东西,糍粑、猪蹄、绿豆糕等。公公家的邻居经常羡慕地说:"儿媳妇又来看了,代老头真有福气!"

三年前，老人突然瘫痪了。正值暑假，李芳就把他接到市区的家里，尽心照顾。有一天，老人说想吃馄饨，她多处打听，最后从二姐那儿问出了卖家地址，来回跑了十几公里。吃着儿媳妇买来的馄饨，老人流眼泪了。一个月后，老人要回董家河镇，上车前说："芳啊，春节你们来接我，我还想回来住。"

代业明的三姐家庭连遭不幸，丈夫、儿子先后离世。每年李芳都为三姐张罗生日，叫上全家人，陪着她一起过。今年三姐生日前，李芳逛了一下午，给她挑了三件衣服。卖衣服的老板说："我头回见弟媳给姑姐买衣服的，给你打折！"

这么多年，几十口的大家庭这么和谐，很大程度上是因为她这个"黏合剂"。她爱玩、爱旅游。每次只要出去，会给每家带礼物，吃的、玩的，大人的、孩子的，她都会一一考虑到。晚辈考学啦、工作啦，也都习惯了先给她打个电话，听听她的意见。每年的端午、中秋，一大家子往往都在她家聚，夫妻俩忙前忙后，给二三十人拾掇可口的饭菜。

生活中难免磕磕碰碰。一家三口，脾气最好的就数她。要说起她的缺点，丈夫和女儿意见一致，那就是"有时候好过头了"。

每年的同学聚会，她都是发起人，接同学、定地点、跑前跑后。家在郊区住的同学，只要打个电话想让她接，她都是有求必应。看到妈妈忙碌的样子，女儿难免心疼，有时还会说几句埋怨的话。她听了只是笑笑，最多说一句"别人说不定有自己的难处呢"，照接不误。

结婚以来，家里的开支基本上都是代业明付，他从来不知道妻子每个月拿多少工资。看到妻子从家到学校搭车太辛苦，2009年的时候，他提出买辆车。一开始妻子是反对的，说家里就攒了这点钱。但这回,代业明没听她的,坚持买来了车给妻子代步。

这个老实内向的男人始终认为,自己的钱给老婆孩子花,天经地义。至于妻子的钱,接济接济亲戚,买些喜欢的小首饰,给学生买买小东西啥的,全由她自己做主。

毕竟,她就是自己的小妹妹!

结婚28年,除了头两年磨合期闹点别扭,剩下的时间,两个人几乎没有吵过架。回看这段人生,代业明想起的都是妻子的可爱。

"她爱跟我撒娇,周末都是她和女儿睡懒觉,我锻炼了身体买回来早餐。要是哪天我想偷懒,她就会跳下床掀我的被子。

"她周末回来,偶尔也会说一些不开心的小事。一开始我总是着急,担心她吃亏。时间长了也习惯了,反正她很快就丢到脑后了。

"有她在,家里就充满笑声。我经常开玩笑说她,你除了漂亮点还有啥,这么傻,也就我要你。

"我跟她只为两件事生气,一个是想让她回城,再一个是催她看病。"

代业明发现,每到9月份开学那几天,听到有认识的老师调走了,妻子的情绪也会有些低落。

"真到了商量这个事,她又总是说'不动了,再过几年等我退休了,好好陪你们爷俩'。次数多了,我也妥协了。"

但看病这件事,代业明却始终不能妥协。李芳胆小、怕疼,担心落伤疤,总是推托着不去医院做手术。劝一次、两次、三次,甲状腺结节越来越严重,代业明真急了!

那天是周末,一家三口难得团聚的时间。吃饭时,妻子大概是不

舒服,摸了摸脖子。第二次摸的时候,丈夫忍不住了:

"说吧!到底啥时候去看?"

"到暑假吧?就暑假,好不好?"

"你就是想拖时间是吧?不行,必须马上去医院。"

她求助地望着女儿。女儿不接茬,推说去厨房热汤。

汤还没端回餐桌上,就听到爸爸给二姨打电话的声音:

"你妹妹我是管不了了,你来管!"

当天晚上,她就被丈夫、女儿、姐姐"哄"进车里,送到了医院。

做完手术,醒了没一会儿,脑子还不是完全清楚的她,有点迷糊地问:"脖子上的伤疤长不长?会不会吓着学生?"

出院后休息了几天,她系条丝巾就去上班了。别人看着她很正常,其实她那时候身体虚得很,动不动就满身大汗,有时候粉笔都握不住。

前年,父亲不在了,去世时98岁。代业明几乎没有掉泪,因为老人走得很安详。

可是这三个多月来,每分每秒,时时刻刻,妻子的身影都在自己眼前晃动,真的是肝肠寸断!

有一次,他在梦里梦到她,问出了那句扎心的话:

"芳,你平时看见个小狗都害怕,扎个针都吓得死死抱住我,那一刻,你不疼吗?"

"我疼了,孩子们就不疼了。"梦里,妻子仍然温婉地笑着。她也流泪了,看着自己的目光,有太多的不舍。

他总是回想起每个周一,妻子站在门口跟自己告别的模样。

"我去上班啦,你路上慢点。"嗓音柔柔的,左手习惯性地拨拨前额的头发,指间划过一道亮色。

看到那只戒指,代业明心里一阵温暖,那是他送给妻子的第一件礼物,一千多块钱,花了好几个月的工资。

去年妻子过 48 岁生日,因为是本命年,代业明封了一个四千块钱的红包给她。当时她笑着说:"你这标准提上去可就下不来了啊,后年咱俩结婚 30 年,你说咋办?"

"那天我没告诉她。其实我早就计划好了,结婚 30 年的礼物就是带她重游北京,她爱笑爱美,爱拍照片,想补拍婚纱照,我们拍个够!"

尾声

这两年,黄龙寺小学的形势越来越好。

国培、省培,山村教师学习培训的机会一点不比城里少;校园里建起了"蒲公英图书室",氤氲书香充盈着师生的精神世界。

前一段召开的全国教育大会上,习近平总书记指出,让广大教师享有应有的社会声望,在教书育人岗位上为党和人民的事业做出新的更大的贡献。老师们倍感振奋!

怎么不负习总书记的嘱托,培养更多能担当民族复兴大任的时代新人?

正如朱阳阳所说,要像李芳师姐那样,坚守好自己的岗位,有理想信念,有道德情操,有扎实学识,有仁爱之心。

正如杜明良所说,要让一线老师流动起来,给他们更多成长的机会、进步的空间。

正如殷世明所说,要把更多的关注撒向偏远学校,让它们环境更漂亮、设备更先进、老师待遇更好。

这,是李芳最想看到的发展,也是千万农村教师的心愿,更是无数山区人民的期盼!

今年教师节时,老艺术家田华把"2018年最美教师"奖杯,颁给了替她领奖的代业明。当着全国人民的面,田华落泪了。她哽咽着说:

"我想用'善行无疆,恪尽职守'这八个字来歌颂她。她走了,但是我为我有这样一个伟大的舍弃自我的教师感到骄傲,为我们祖国的教育界感到骄傲!"

三个多月过去了,人们对李芳的思念越发浓烈。

在对她的纪念中,一种思考在向深处生长——为什么回溯她的一生,我们能感受到耀眼的光彩?

国之重士是出彩,戍边保国是出彩。

但李芳告诉我们,只要干好自己的工作,只要时时刻刻以共产党员的标准要求自己,人生就能出彩。

人人都出彩,何愁家不出彩、国不梦圆!

……

中秋已至,秋凉迟迟未到。

这是最适宜映山红生长的一个时节。大别山上的野杜鹃,尽情吸收泥土的滋养,为来年的热烈盛放积蓄力量。

李芳,你这么喜欢映山红,你闻到那沁人肺腑的芬芳了吗?

丈夫渐渐振作起来了,回到了工作岗位上。每当被问起有没有困难,他都摆摆手,不能再给大家添麻烦啦,得让妻子走得安心。

女儿越来越懂事了,她很快就要接过接力棒,延续妈妈对学生的关爱照顾。她还想尽快披上婚纱，让妈妈放心。

李芳，你是最牵挂他们的人，你为他们的坚强欣慰、欣喜吗？

信阳职业技术学院里，建起了一座"桃李芳华园"。园内的那座雕像上，老师款款而坐，孩子们手捧书本，偎在她身旁。

2016级的学生王丹正向雕像敬礼。"要像您那样好好工作，要像您那样对得起职业，很快，我就要成为您。"

李芳，你那么疼爱你的学生，你听到学妹的这番话了吗？

明年这个时候，在董家河镇政府对面，将建起一座设施一流的九年一贯制学校。

越来越多的关爱，正撒向农村教师和山里娃们。孩子们将在有一体机的教室上课，在宽敞的足球场上奔跑，在明亮的图书室里徜徉。

李芳，你那么热爱教师职业，你和山娃们一样，在憧憬幸福的明天吗？

"夜半三更呦，盼天明，寒冬腊月呦，盼春风。若要盼得呦，红军来，岭上开遍呦，映山红。"

……

李芳！李芳——

你带着微笑，一点点地隐没在绿水青山间。来年春夏之交，这里将继续上演更多映山红的故事。

一簇簇、一枝枝、一树树！

像红绸舞动，似朝霞燃烧。

记者　董林　柯杨　胡巨成

原载于《河南日报》2018年9月27日

李芳老师，您从未离去

生命是有光的。

一名平凡的山乡女教师，用血肉之躯挡在死神与学生之间，奋力一挡一推，把生的希望送给孩子，把死的危险留给自己，在生命的最后一瞬，化作漫山遍野那抹如血的红色，照亮了生命的天空。

天地含悲，草木垂泪。

飘落的映山红，如同天空落下的泪水，缓缓滑过董家河的山间湖面，飘向天边。

李芳，大别山的女儿，生如夏花之绚烂，纯如山水之温软。你扎根深山29年，在三尺讲台默默耕耘，秉持理想信念，保持道德情操，传授扎实学识，常怀仁爱之心；你"捧着一颗心来，不带半根草去"，用行动树起了当代人民教师的丰碑，谱写了一曲为人师表、大爱无疆的赞歌。

▶ 孩子们眼里的李芳老师总是那么阳光

此身悄然去,风范永留存。

习近平总书记说:"一个有希望的民族不能没有英雄。"我们谨以影像志的方式,寄托我们的哀思,表达我们的崇敬,缅怀我们的英雄,也让后来人托物感怀,继续努力,不负芳华。

记者　刘洋/文　郭宇/图

原载于《河南日报》2018 年 9 月 27 日

向李芳同志学习　争做"四有"好老师
我省教育系统掀起向李芳老师学习活动新高潮

省委高校工委、省教育厅党组下发通知,在全省教育系统深入开展"向李芳同志学习,争做'四有'好老师"主题教育活动。"寻找李芳式的好老师"大型宣传推介活动、"争做李芳式的好老师"主题征文活动同步启动。

通知强调,李芳同志是我省优秀乡村教师中的杰出代表,是践行有理想信念、有道德情操、有扎实学识、有仁爱之心"四有"好老师的先锋模范,是全省广大教师学习的榜样。为学习宣传李芳同志先进事迹,省委高校工委、省教育厅先后开展了"李芳同志先进事迹"座谈会、"向李芳同志学习"书画摄影作品展览、"向李芳同志学习"主题音乐会等一系列活动,在全社会掀起了向李芳老师学习的热潮。

为进一步学习李芳精神、弘扬高尚师德,省委高校工委、省教育厅党组决定深入开展"向李芳同志学习,争做'四有'好老师"主题教育活动,在全省教育系统掀起向李芳老师学习活动新高潮。全省各级教育行政部门、各级各类学校要充分利用报刊、广播、电视、微博、微信、展板橱窗等宣传阵地,通过组织学习、讨论、座谈及征文比赛、演讲比赛等多种形式,大力宣传李芳精神,切实把向李芳同志学习活动引向深入。

同时,省委高校工委、省教育厅还下发了《关于开展"寻找李芳式的好老师"大型宣传推介活动的通知》和《关于举办"争做李芳式的好老师"主题征文活动的通知》,引导鼓励全省广大教师人人参与、全员参与,真正将向李芳同志学习活动落在实处,落实到每一位教师。

据悉,"寻找李芳式的好老师"宣传推介活动,要求各地推荐的人选要向农村一线教师倾斜。曾获得省级及以上模范教师、优秀教师、优秀教育工作者、师德标兵、最美教师等荣誉称号的教师原则上不再推荐。最终全省将遴选确定100名"李芳式的好老师"进行重点宣传。

"争做李芳式的好老师"主题征文活动,要求各省辖市、省直管县(市)教育局及各高等学校初审后择优上报。省教育厅将组织专家对各单位选送的征文进行评审,并颁发获奖证书。优秀作品将在《教育时报》开设专栏,予以刊发。

记者 靳建辉
原载于《教育时报》2018年10月12日

2018"感动中原"年度教育人物揭晓，李芳等 11 名同志当选

12月3日，大河网记者从河南省教育厅获悉，2018"感动中原"年度教育人物揭晓，李芳等 11 名同志被授予"2018'感动中原'年度教育人物"荣誉称号。

据了解，此次"感动中原"年度教育人物的评选，旨在表彰先进，通过深入挖掘、宣传、推广全省教育系统涌现出的先进典型人物，树立一批自觉践行社会主义核心价值观的学习榜样。

经组织推荐、专家评选和公示等环节，最终共有 11 名一线教师获得"2018'感动中原'年度教育人物"荣誉称号，分别是信阳市浉河区董家河镇绿之风希望小学教师李芳、河南农业大学教授高致明、河南牧业经济学院教师王喜军、许昌市特殊学校教师郭朝阳、郑州轻工业学院学生赵永博、舞钢市杨庄乡长岭头村小学教师李万军、郑州大学教授马襄城、驻马店幼儿师范高等专科学校教师张冬冬、濮阳市清丰县

高堡乡英满城小学教师王艳着、开封市汪屯中学教师王保红、三门峡市卢氏县朱阳关镇莫家营教学点教师李杰。

记者　张楠　　实习生　罗惠芳
原载于大河网 2018 年 12 月 4 日

第三章 市级媒体报道

信阳乡村女教师李芳追悼会 16 日举行 4000 余人到场送别

草木含泪,大地悲鸣。6 月 16 日,河南省信阳市勇救学生殉职的乡村女教师李芳的追悼会在浉河区董家河镇举行。6 月 11 日下午,李芳在护送学生离校的路上,面对突如其来失控的车辆,为保护学生,危急时刻挺身而出,献出了年仅 49 岁的生命。

16 日上午 8 时许,李芳老师的灵堂前哀乐低回,白菊束束。来自河南省、信阳市、浉河区的领导以及社会各界人士共 4000 余人到场,向李芳老师作最后道别。

上午 9 时,追悼会伴随着低沉的哀乐声开始,全体肃静默哀 3 分钟后,信阳市浉河区委书记翟晓宾、董家河镇绿之风希望小学教师代表赵燕、董家河镇绿之风希望小学二(3)班学生胡诗怡及李芳老师的女儿代雨辰分别致悼词和发言。全体人员向李芳同志遗像三鞠躬后,参加追悼会的各级领导和师生代表进入灵堂进行遗体告别。随后,伴

▶ 李芳老师的同学赶来为她送行

随着信阳市浉河区教师代表和信阳职业技术学院学生代表合唱的挽歌《为人师表 大爱无疆》，李芳老师的遗体被运送至金山陵园。

据了解，李芳老师任教29年来，始终坚守在教育第一线，在担任学科教师的同时，又先后在班主任、少先队辅导员等岗位工作，生前荣获优秀班主任、教学能手、优秀辅导员等表彰奖励22次。

李芳老师因公殉职后，中共信阳市委决定在全市开展向李芳同志学习活动，并追授李芳同志为"全市优秀共产党员"；信阳市人民政府追授李芳同志为"优秀人民教师"，信阳市总工会追授李芳同志"信阳市五一劳动奖章"，信阳市妇联追授李芳同志为"信阳市三八红旗手"。

记者 李海

原载于《信阳日报》2018年6月16日

全市教育系统学习李芳同志先进事迹

日前，市教育局下发通知要求全市教育系统深入学习李芳同志先进事迹，全市迅速掀起向李芳同志学习的热潮。

李芳，生前系信阳市浉河区董家河镇绿之风希望小学教师。她从教29年来，扎根山区，默默耕耘，无私奉献，爱生如子，教学成果显著。她对自己要求严格，对工作精益求精，是位德才兼备的优秀教师。2018年6月11日，在护送学生放学回家途中，面对突如其来的三轮摩托车，她奋不顾身冲上前去用自己的身体挡护学生，并奋力将学生推开，遭到车辆严重撞击。后经多方抢救无效，于6月13日因公殉职，为教育事业献出了自己的宝贵生命。

李芳同志舍己救人的英雄壮举经媒体报道后，在社会上产生强烈反响。教育部、省教育厅先后下发通知要求学习李芳同志先进事迹。市教育局要求全市教育系统要学习李芳同志舍己救人、见义勇为

▶ 泪水为英雄而流

的献身精神,学习李芳同志对党忠诚、矢志不渝的理想信念,学习李芳同志恪尽职守、无私奉献的道德情操。

记者 丁玺 安稳

原载于《周口日报》2018 年 6 月 29 日

还原、追忆"英雄老师李芳"

还原"英雄老师李芳"平凡的 24 小时

一家三口过完最后一个周末　工作起来"她不像一名老教师"

面对失控的车辆,她推开学生,独自面对死亡。信阳市董家河镇绿之风希望小学教师李芳的牺牲,令无数人痛心,也引发了大家对其精神的追思与学习。6 月 20 日,李芳被教育部追授为"全国优秀教师",6 月 30 日被中共河南省委追授为"河南省优秀共产党员"。

近日,记者走访其亲友、同事和同学,追溯李芳老师出事前一天的轨迹,试图记录一位村小老师日常的一天,还原基层教师的精神风貌。

前天晚上,"老李"和女儿在姐姐家吃饭

6 月 10 日,18:00。

李芳和女儿代雨辰在姐姐家吃饭,李芳家兄弟姐妹 9 人,她排行老五,是家里的"开心果"。李芳14岁那年,父亲离世,27岁时母亲去世。她跟着姐姐长大,视长姐如母亲。今年母亲节,李芳还为二姐李广珍送了礼物。因为心思单纯,李芳常被姐姐们笑称为"傻老五"。

吃过饭后,她和女儿回到位于平桥电业局的家中。丈夫代业明因公出差,没有在家。代业明是信阳市平桥区电业局职工,代雨辰在明港镇做辅警,李芳工作日住在学校,一家三口一周有两天半时间聚在一起,总有说不完的话。

李芳和丈夫是在1989年认识的。那年李芳20岁,毕业后被分配到董家河黄龙寺小学。在董家河变电站工作的代业明经同学介绍,见到了漂亮清纯的李芳。经过接触,他觉得这个娇小、温柔的女孩,正是他理想妻子的类型,开始主动追求李芳。对于李芳来说,这位大大咧咧的男生,能够给她特别的安全感。

两人结婚后,很快有了女儿代雨辰。李芳对女儿的教育,基本是"朋友式"的。除了对做人原则方面有所要求,整体比较宽松。母女关系非常亲密,代雨辰常以"老李"称呼母亲。

李芳是个热爱生活的人,家中干净整洁,绿植满庭。她乐于为丈夫和女儿挑选衣服,时时惦记着为公婆添置衣物、补品。

平时周五到周日的晚上,一家三口都会一起散步。有时走到路边,遇到小泰迪扒腿,李芳会吓得一跃,躲到丈夫的另一边。代业明又好气又好笑:"你这么大个人,还怕小狗。"

但是有一点代业明很清楚,李芳是个很执着的人,认定的事情不会改变。李芳数次有机会从村小调回市区,她自己权衡过,最终还是选择了留在绿之风。"这里是我们的老家,同事关系又那么好,

▶ 李芳的女儿代雨辰、丈夫代业明

而且,这些小孩父母都不在身边,他们太需要老师了。"李芳对代业明说。

到学校前,她给女儿打了一个电话

6月11日,6:00。

一大早,李芳一家三口各自往单位去。在平桥区,她特地拐了个弯,捎带上同事张金凤。每一次往返,她都会问一下几位家在信阳市区的同事是否要趁车。

走到羊山新区有点堵车,李芳给去明港的代雨辰打了个电话:"慢点走,注意安全。"她好像还想说什么,最后却笑着说:"就这哈。"

作为母亲,李芳是有些愧疚的。丈夫在供电公司一线工作,工作时间不定,自己常将女儿带在身边,学校事情一多,就有些顾不过来。

像女儿生病无人照顾之类的事情,不知道发生了多少回。

还好,女儿长大了。前阵子,雨辰通过了公务员考试笔试,正在准备面试。一向低调的李芳在过49岁生日时,高兴而满足地告诉了同事这个好消息。

她有一个小镇母亲普遍的愿望,就是女儿考上公务员,嫁给一个爱她的人。

"她既不像49岁的人,也不像一名老教师"

7:10。

李芳来到办公室,开始扫地、烧水、浇花。

"只要她早到,一定会打扫卫生,比年轻人还勤快。"她的同事兰恩武说。

每天早晨7点20分,当兰恩武路过二(3)班时,他都能看见李芳带学生上早读。

这一天下课后,李芳回到座位,突然想起什么,从桌上的瓶子中拿出两粒药片。坐在对面的同事余秀平抬头看她,她笑着说:"差点又忘吃药了。"这是抗敏药。李芳是敏感皮肤,一年大部分时间都在过敏。今年春天严重了,她不愿意请假,趁着周末去武汉的医院检查,发现对很多东西都过敏,只能吃药增强抵抗力。

周一第二、三节是语文课。在同为语文老师的洪艳看来,李老师对待教学像年轻老师一般有激情。"去年李老师刚接手这个班时,班里情况很差。她一个个找学生谈话,帮助他们补不足。她对孩子态度很温和,但是对作业要求非常严格,找出错误会让他们纠正、反复练

▶ 绿之风小学教学楼

习。到了二年级时,三班的班风很好,成绩也都提高了很多,我打心眼里佩服她。"洪艳告诉记者,自己印象最深刻的就是,李芳既不像49岁的人,也不像一名老教师。

"她对生活很有热情,前阵子还参加了长跑和徒步大会。对待学生,说到谁的进步她都特别开心,提到谁的不足她也会特别着急,从业这么多年情感还是这么细腻。"洪艳说,自己和李芳同一天生日,去年收到了李芳发的红包,特别感动。今年,她提议两人一起过生日。生日那天晚上,19名同事参加了这个聚会。因为李芳年长,洪艳让她先许愿。李芳虔诚地许完愿,把生日帽又戴在洪艳的头上:"咱们都要戴生日帽。"

"她是很懂浪漫的人,也喜欢和我们分享"

12:00。

李芳到校外亲戚家吃饭,然后回到宿舍。她的宿舍门前养着一排多肉植物。两种多肉植物拼在一个花盆里,婀娜交错。

二十平方米的两人宿舍,满满当当安置着冰箱、沙发、衣架等小家具,鞋架上摆放着不同风格的鞋子。

大家对李芳的评价都有一个词"漂亮"。"她是个很爱美,也很懂浪漫的人,喜欢和我们分享。"同事余秀平说。

春天,董家河潭水初涨,桃花烁烁。趁着周末,李芳开车带同事们郊游。

那天,春风和煦,李芳穿着印花裙子,和年轻同事们嬉笑,照片定格了这些美好的瞬间。

"她说孩子们最近有些浮躁,得抓紧点"

14:00。

去上课的路上,李芳跟二(3)班班主任罗银森讨论着孩子们的状态:"快期末放假了,我看他们有点浮躁。这两天复习,还是要抓得紧一点。"罗银森认真听着,准备再去班里给同学们鼓鼓劲儿。

上三楼右拐,就是二(3)班。进门的墙壁上,贴着"优秀班集体"和该校2017年秋季运动会总分第一名的奖状。下面是好人好事记录簿、值日班长排表和学生通讯录,记录着学生住址、家长姓名和电话。教室的图书角,码放着图书、作业。翻开其中一本语文作业,落款是5

月底的日期,右下角署着一个"优"字。

罗银森刚接手这个班时,学生们不仅基础薄弱,也很难管理。李芳和他分享一些班级管理的办法,指出要发挥班干部的带头作用,并协助罗银森与学生、家长沟通。

遇到家庭困难的孩子,她会买文具、衣物和一些生活用品,在孩子不在时送到他们家,小心翼翼地维护着他们的自尊心。班里的一位学生,父母离异,家中最小,缺人照顾,夜晚总是失眠,前几天,李芳还在跟同事兰恩武商量,看是否要带他去检查病因,做一些心理辅导。

追忆"英雄老师李芳"32年前芳华初心
连天黑都害怕的李芳却以身挡车　读大学时她就是热心肠
"年轻老师和家长发生了口角,她主动打电话去和家长沟通"

到了办公室,李芳从同事那里听说,一位年轻老师在办公室哭了。询问缘由,原来是学生不小心摔倒,孩子的奶奶心疼,来校与班主任发生了口角。李芳正好认识这位家长,就立刻打电话过去,解释了情况,希望修复家长和班主任的关系。

下午第一节是语文课。下课后,李芳回到办公室,给代业明打了一个电话,说了早晨堵车和帮助同事处理问题的事情。代业明问:"早晨迟到了吗?""没有。"李芳说。

放下电话,她开始批改作业、备课,然后从抽屉拿出一本柳公权字帖,一边练字,一边等待学生放学。每周四上午第二节的书法艺术课,也由她上。比起硬笔字,孩子们更喜欢毛笔字,这几年,李芳在练字上下了很大功夫。

"我喊一个跑出路队的学生,扭头一看李老师已经出事了"

17:30。

绿之风希望小学的老师们都站在校门外,等待着学生排队出校园,走过人行横道。

这是一个路口,附近有个陡峭的下坡。早年这里没装红绿灯,老师们自发在两边拉上横幅,等十来分钟后学生通行完毕,再恢复交通。后来装上红绿灯后,就单纯由老师护送学生过马路。

17:50,路口绿灯。

"老师再见!"兰恩武向学生点头,余光发现有一个学生离开队伍,走向旁边的零食小摊。他伸手招呼学生归队,突然听到一个熟悉的声音:"有车,快跑!"接着是撞击声、尖叫声。他向人群奔去,看到倒地的李芳,4名学生身体有擦伤,愣在一边。

之后,师生被急救车送进一五四医院。李芳陷入长久的昏迷。

"你带一部分,我带一部分,让同学们改善下生活"

时光回溯到32年前。

1986年9月1日,信阳市。师范生尤玉兰,从老家辗转来到信阳师范学校,怀着紧张不安的心情走进208宿舍。

门开了。一个短发女孩从床上站起来,露出甜甜的微笑。这是17岁的李芳。

"她善良、热心,有她的地方就有快乐。"尤玉兰清楚地记得,刚开学时,一位同学得了急性肾炎,李芳从家里带去炖好的鸡汤、排骨汤去看望，还在班里为他筹款治病。

那一代的师范生，成绩优异，大都来自贫困乡村。十七八岁正是长身体的年龄，学校发的饭菜票，男生都不够吃。当时，李芳的父亲已经去世，她跟着姐姐，住在离学校不远的地方。她经常回家吃饭，把饭票送给同学们用。

姜素梅和李芳是上下铺。每到周末，李芳总是跟她说："素梅，你带一部分，我带一部分，让同学们改善下生活。"班里的同学，几乎全都去过她家。

"李芳是个非常胆小的人，天黑一点，就要拽着我的胳膊一起走"

在师范学校工志楼的老教室，李芳当年就坐在后面靠窗的角落。发黄的成绩册，记录着李芳全班第四的期末成绩。她是文娱委员，经常抄歌词、教新歌。

"班里有个推广普通话小组，李芳是组长。她每天教我们朗读，还教一些当时流行的歌曲。"尤玉兰说，李芳最喜欢的，是邓丽君的《甜蜜蜜》。

兰恩武是李芳的初中、大学同学，毕业后他们被分配到董家河黄龙寺小学，一年后被调到董家河谢畈小学。谢畈小学撤校后，他们又到了董家河中心校教学。学校面积有限，就把六年级学生集中到西边的校区学习，老师们称之为"西头六年级"。2015年8月，中心校开始分流，一部分教师被分到绿之风小学，一部分分到初中。

很多年轻教师从中心校被分到村小，有些想不通。李芳就去做工作，帮助同事疏导情绪。

"以前我很自卑,很少和李老师说话,总觉得我们是完全不搭边的两种人。后来回想起刚到绿之风的时候,李老师又要工作,又要带孩子,但是从来没有抱怨过,非常强大。"兰恩武说,自己曾问她:"你怎么不想办法调回市区?"她简单地说:"有感情了。"

她确实对这个学校和这个学校的师生都怀有深情。同事遇到家庭矛盾时,李芳也会去劝解,对家人"包容、宽容"这些词语,兰恩武最早就是从李芳那里听说的。

其实,姜素梅知道,李芳是个非常胆小的人。"天色黑一点,就要拽着我的胳膊一起走。如今有这样的壮举,我只要想象一下当时的情景,心就疼得不行……"她说着哽咽起来。

再见,李芳　你好,李芳

时间定格在 2018 年 6 月 13 日的凌晨 4 点。这个曾经连天黑都害怕的女孩,长眠于黑暗中。

怀念李芳的口述与文字资料,大都出自其师范学校的同学以及同事。这批大都在教育岗位上的人,对李芳的去世心痛不已,也对她的选择首肯心折。

他们不止一次提到,基层的老师,大都是这样严于律己,也将学生当作自己的孩子看护。遇到这样的事,很多人会本能地先救孩子。李芳虽然走了,但是她无私奉献的精神一直都在。

6 月 22 日,是绿之风希望小学放暑假的日子。六年级考完试后,班主任将这批毕业生留在班里,万千嘱咐,给每个人都提了未来的要求。

太阳快落山的时候,老师们像往常一样,将孩子们分批送出校门,目送他们越走越远。

记者　王姝/文　章继军/图

原载于《东方今报》2018年7月5日

一片丹心向阳开
——追记全国优秀教师、河南省优秀共产党员李芳(上篇)

生死关头,是逃生自救还是舍己救人?对每个人来说,这都是重大考验。浉河区董家河镇绿之风希望小学教师李芳,面对6月11日那场猝不及防的意外,给出了自己的答案。

舍生忘死,护佑学生。她以师者的本能冲锋在前,以一推一挡的最美姿态与这个世界最后作别。她推开的是不知危险来临的4名学生,挡下的是飞驰而来的失控车辆。她柔弱的身躯倒下了,屹立起的,却是一座不朽的丰碑。

英雄不是一天练成的。李芳以身挡车、勇救学生的瞬间抉择,是她长期品格涵养的行为自觉,是她价值判断的惯性使然,是她根植于骨子里的道德内化,是一名共产党员的责任与担当……

时间回溯到1986年,17岁的花季少女李芳踏进了信阳师范学校的大门。

这是一所始建于20世纪初、久享盛誉的师范名校,也是河南省历史上最早的4所师范学校之一,是当年很多优秀学子的不二选择。

李芳也不例外。作为一名山乡娃,李芳兄弟姐妹9人,她排行老五。14岁那年,父亲离世,她在姐姐的照顾下,得以继续求学。上师范,当老师,成为她遥望星空时的梦想。

6月20日,在李芳离开一周之时,浉河区教体局组织李芳母校信阳师范学校八六级二班的部分老师和同学,重回故地,追寻李芳求学路上的点点滴滴。

几十年后的今天,谈起李芳,大家都能记得她的好。记者似乎也从中觅见了英雄的成长轨迹和英雄之所以成为英雄的内在原因。

"她心地特别善良,有副热心肠!"家住市区的姜素梅和李芳是上下铺,她清楚地记得,李芳那时住在市区姐姐家,每到周末,她俩总是分批带同学们回家,给大家改善生活。在信阳师范学校就读的三年,班里的同学,几乎都到过她姐姐家。

"热心肠"的故事太多太多:入校不久,同学余森君得了急性肾炎,是李芳和同学们把他送到医院,并发动全班同学省吃俭用为他筹款,李芳还把姐姐炖好的鸡汤、排骨汤带给他喝;男生饭量大,李芳总是把省下来的饭票送给大家;作为"推普"组长,她耐心细致地教普通话不好的同学朗读、发音;就连学校门口那个乞讨的男孩,她也热情地帮助,耐心地开导,后来,那个男孩想通了,不乞讨了,还找到李芳,说想和她交朋友……

一个什么样的人,能有这样的爱心、耐心和智慧,努力去鼓励一个素不相识的人改变命运?

"李芳心里总是装着集体,在她的带动下,我们班特别团结,班风学风都是整个年级最好的!"在班主任王沂洪的记忆里,李芳多才多艺,入校后被指定为班里的文艺委员。她对工作十分认真,从不计较个人得失。为了让更多的同学有机会锻炼自己,后来李芳主动辞职,还热情帮助新的班干部迅速有效地开展工作。

诸多往事,清晰如昨,还原出一个学生时代的李芳:达观向上、乐于助人、凡事相让、无私为人。这种秉性,伴随着她的前半生。

1989年,一别三年,那个满怀憧憬走出大山的姑娘又回来了,回到了生她养她的董家河,成为最偏远的黄龙寺小学的一名教师。

黄龙寺小学地处大别山腹地,是信阳、南阳和湖北随州三地交界处,不通班车,不通电。山里缺老师,她一个人同时教了几个年级的多门课程,但她无怨无悔。因为三年前她在报考信阳师范学校时就做出了保证:毕业后愿意到边、偏、远、穷山区任教。

李芳用她的一生为这份保证"做注"。

黄龙寺小学、谢畈小学、中心学校、绿之风希望小学……寒来暑往29年,李芳从未离开过偏远的董家河,从未离开乡村小学讲台,无怨无悔,甘于寂寞。即便是丈夫调回市区、在市里安家后,她依然坚守在农村,其间有多次机会调回城里,但她说:"如果大家都走了,谁来教农村的孩子?"她和丈夫代业明长期两地分居。女儿参加工作后,一家三口在三个地方工作,只有周末才能相聚。

作为一名老党员,李芳是学校的顶梁柱、大家公认的"好大姐"。尤其是对年轻人,她不但生活上热心相助,工作中更是主动传帮带,

▶ 美丽宁静的山乡教师李芳

许多实习教师和新教师都愿意拜她为师。她常对身边的同事说:"我年纪大了,但要把接力棒传下去。"近5年来,她就带出20多名"教师徒弟"。

绿之风希望小学二年级三班班主任罗银森是李芳生前带的最后一个徒弟。这个上班不满三年的年轻人,从"副班主任"李芳的身上学到了很多。两人从二年级开始接手这个班,不到一年的时间,就使差班变成了尖子班。出事那天中午,李芳还在和罗银森商量怎样让孩子们过个有意义的暑假。

翻开李芳的档案,参加工作后的22项荣誉,全都是在2010年之前获得的。近8年来学校曾多次给她荣誉,她都坚决推辞说:"农村教育需要年轻人,他们比我更需要这些激励。"这些点滴的关心和温暖,留住了许多年轻教师的心,让一个又一个"李芳"扎根山区。

李芳长期坚守乡村教学一线，在平凡的岗位上践行党的宗旨，危难关头用实际行动兑现了入党时的铮铮誓言。她把根深深地扎在这片土地上，扎得那么深那么深，直到她把积聚一辈子的力量，化作一个奋不顾身的扑救……

　　习近平总书记说："一个有希望的民族不能没有英雄。"李芳就是我们身边的英雄，是红色大别山哺育出的新时代英雄。她用生命完成的最后一课早已穿越时空，在神州大地广为传扬。

　　英雄李芳，李芳英雄！

记者　时秀敏　周涛
原载于《信阳日报》2018年7月10日

化作春泥更护花
——追记全国优秀教师、河南省优秀共产党员李芳（下篇）

如果不是一个月前那场让人心碎的意外，我们或许永远都不会知道她的名字，不会知道在浉河区董家河镇有一个名叫李芳的山村女教师。

生活没有如果。面对失控闯红灯的三轮摩托车，正在护送学生过马路的李芳扔掉手中的遮阳伞，用自己的身体护住学生、奋力推开学生的一刹那受到严重撞击……

遮阳伞在天空中划出一道美丽的弧线，也留下了一个大大的问号：一位柔弱的女老师为何有如此感天动地之举？

李芳，用她平凡而又壮烈的一生，将问号拉直！她在生死攸关的危急关头舍己救人的英雄壮举，是她英勇无畏、不怕牺牲革命精神的瞬间迸发，是她爱生如子、大爱无疆师德光辉的集中闪现，是她"随时准备为党和人民牺牲一切"的党性抉择！

"记得上学时我们在一起,天色黑一点,她就要挽着我的胳膊一起走……"在同学姜素梅看来,天生"胆小"的李芳能有今日之壮举,是因为心中有爱。

因为有爱,所以"胆大"。因为有爱,所以无悔。因为有爱,所以敢于担责、担难、担险,直至献出宝贵的生命。

同学金平一年前在信阳街头偶遇李芳。回忆起那次相遇,她满眼泪花:"当时她脸上绽放着上师范时的那种温暖、纯净的笑容。她说很多人都劝她调回城里,可她真的离不开那群孩子!"

诚如斯言,扎根山乡29年,那群孩子就是李芳的"心头肉"。天冷了,她会提醒孩子们多穿衣服;头发长了,她会提醒孩子们去理一理;下雪了,她会提醒孩子们路上当心;放假了,她会提醒孩子们不要玩水,水火无情……

在生命的危急关头,李芳没有丝毫犹豫,毅然冲上前去,用血肉之躯为学生筑起安全屏障,用生命为学生上好最后一课。她在危难时刻的挺身而出,绝不是一时冲动,因为她一贯把关心爱护学生视作天职。

倾心育人,爱生如子。在李芳的故事里,这样的场景太多太多:

在谢畈小学时,校门前有条小河,每逢下雨,李芳都坚持护送孩子过河,直到每名学生都安全过河,她才放心地返回学校;

学生张雪松在玩耍中摔破了额头,李芳二话没说,背着他就往医院跑,她被汗水浸湿的白衬衫浸满了鲜血;

学生曹若男的父亲去世了,学习成绩直线下降,李芳细心地关爱、开导她,让她走出了阴影;

学生何宏每天都穿同一件不大合身的衣服,细心的李芳看到了,就特地把他叫到办公室,送给他新的外套,并鼓励他好好学习……

"上好每一堂课,做好每一件事,关爱每一名学生",在走过的每一所学校里,李芳都是有口皆碑。她经常牺牲休息时间,对成绩差的学生进行一对一辅导,不让一个孩子掉队。2017年因病住院期间,她还牵挂着班里的学生,经常通过电话、微信与代课老师、学生家长沟通孩子的学习情况,手术后不几天就立即重返教学岗位。

在学生们眼里,李芳不仅是好老师,更是"好妈妈"。6月16日上午,在李芳老师的追悼会上,8岁的胡诗怡那稚嫩的童声、朴实无华的发言催人泪下:"我去年参加演讲比赛,您说我读书很有感情,但内容不够熟练,您就买了西瓜和冰淇淋,把我叫到办公室,耐心地辅导我,累了就让我吃点东西。那一刻我多想叫您一声'妈妈'!"

李芳老师走了,但胡诗怡怎么也忘不了她上课时的情景:每次学习生字时,李芳老师都会一笔一画地将字写在黑板上,有的学生字写得不好,李芳老师便手把手地教;记不住偏旁时,李芳老师就故意把字写错,让学生们挑错,每当有学生找到错误,李芳老师就开心地笑着……

"要把学生造就成一种什么样的人,自己就应当是什么样的人。"1998年3月,李芳成为一名光荣的共产党员。她始终认为,山里留守儿童多,但不能降低对他们的要求。除了无微不至的关爱,她还经常讲述一些革命先烈和英雄模范人物的事迹,引导孩子们向善向好。

李芳还无微不至地关心学生的生活、心理、情感需求等各个方面,用爱心抚育每一个孩子。她对所教学生的家庭情况、性格、爱好都

▶ 被李芳救下的郝晨月回到了课堂

了如指掌,学生谁家遇到困难都愿意向她倾诉,她总是尽心地去安抚并帮忙解决。就在事发前十分钟,她拨出的最后一个电话也是在和家长沟通孩子的情况。

因为爱,成就了人们眼中"特别爱笑""与人为善""爱生如子"的美丽李芳,她的美足以感染身边所有的人。

一起教学十多年的吴发平说,就在出事的前几个小时,李芳还热心帮同事化解了一起矛盾:一位小学生自己小跑上厕所,由于鞋滑摔倒了,额头上磕了一道口子,学生家长很不满意。李芳主动协助沟通,化解了家长与班主任之间的矛盾纠纷。

师爱,好似春雨,润物无声;师德,犹如春风,暖人无形。李芳用友善的微笑、温暖的话语将一场风波冰融雪化⋯⋯

凡此种种,无不向我们还原了一个恪尽职守、勤勉敬业、树德立行、身正为范的李芳,一个平时工作能够看得出来、关键时刻能够站得出来、危急关头能够豁得出来的李芳。

习近平总书记说:"一个人遇到好老师是人生的幸运,一个学校拥有好老师是学校的光荣,一个民族源源不断涌现出一批又一批好老师则是民族的希望。"李芳,不正是这样的好老师吗?

李芳走了。生前她如一朵美丽的山花,默默绽放。身后她将化作春泥,隐入青山,护佑着巍巍大别山上的花开花落。

再见李芳,李芳再见!

记者　时秀敏　周涛
原载于《信阳日报》2018 年 7 月 11 日

"英雄女教师"李芳上榜7月"中国好人榜"

7月30日,7月"中国好人榜"发布仪式暨全国道德模范与身边好人现场交流活动在吉林省长春市举办,我市"英雄女教师"李芳榜上有名,入选敬业奉献好人。李芳生前是信阳市浉河区董家河镇绿之风希望小学教师。6月11日下午,李芳在护送学生回家途中,面对急速驶来的失控三轮摩托车,她奋力将学生推开,自己却挡在学生身前被撞倒。4名学生得救了,而李芳虽经全力抢救,仍于6月13日凌晨离开了我们,年仅49岁。李芳的英雄事迹引起了强烈反响,她被追授"河南省五一劳动奖章"荣誉,及"全国优秀教师""河南省优秀教师""河南省优秀共产党员""河南省三八红旗手"等荣誉称号。中共河南省委、教育部党组及河南省委高校工委、省教育厅党组、中共信阳市委先后发出通知,决定开展向李芳同志学习活动。

记者 时秀敏
原载于《信阳日报》2018年8月1日

2018"河南最美教师"出炉
李芳老师获特别奖

9月6日,记者从市教育局获悉,由省委宣传部、省教育厅等共同举办的2018"河南最美教师"宣传推介活动评选结果出炉,有10位老师获得2018"河南最美教师"光荣称号。评委会授予以身挡车、勇救四名学生的信阳市浉河区董家河镇绿之风希望小学教师李芳2018"河南最美教师"特别奖。

6月11日下午,李芳老师在护送学生路队过程中以身挡车救学生,自己被撞牺牲,为教育事业献出了宝贵生命。李芳老师舍己救人的英雄壮举在社会上产生强烈反响。教育部追授李芳为"全国优秀教师",河南省人力资源和社会保障厅、河南省教育厅追授李芳"河南省优秀教师"荣誉称号,并开展向李芳学习的活动。

据了解,2018"河南最美教师"评选活动自启动以来,全省各地、各学校高度重视、积极参与,共推荐了163位参评教师。在初选阶段,评审会建议组委会授予李芳同志2018"河南最美教师"特别奖。

最终通过推荐、初评、投票、终评、表彰五个阶段,评选出了10位立德树人、爱岗敬业、为人师表、严谨笃学的2018"河南最美教师",并于9月6日上午举行了颁奖仪式。

记者　时秀敏　周涛

原载于《信阳晚报》2018年9月7日

李芳荣获全国"最美教师"称号

"饮其流者怀其源,学其成时念吾师。"在第 34 个教师节来临之时,全国 2018"寻找最美教师"名单揭晓,我市浉河区绿之风希望小学教师李芳榜上有名。这是继 9 月 6 日获得 2018"河南最美教师"特别奖之后,李芳荣膺的又一殊荣。

"善行无疆,恪尽职守",在 9 月 10 日夜晚央视举行的 2018"寻找最美教师"颁奖典礼上,颁奖嘉宾、第六届全国道德模范、著名表演艺术家田华用这八个字歌颂英雄李芳。组委会授予李芳的颁奖词是:"当死神呼啸而来,她用尽生命之力为孩子们竖起了安全壁垒。瞬间彰显高尚师德,平凡铸就伟大人生,此时此刻,我们一同向舍己救人的教师李芳致敬!"

今年 6 月 11 日 17 时 50 分许,李芳在护送学生放学回家时,一辆满载西瓜的三轮摩托车突然闯红灯急速冲向正在过马路的学生,危急时刻,她奋不顾身冲上前去,用自己的身体挡护学生,并奋力将学生推开。学生得救了,她却遭受严重撞击,经多方抢救无效,于6月13日4时40分不幸殉职,年仅49岁。

作为一名共产党员和人民教师,李芳始终不忘初心、牢记使命,29年如一日,长期坚守乡村教学一线,对党的教育事业满腔热忱,在平凡的岗位上践行党的宗旨,危难关头用自己的实际行动兑现了入党誓言,是新时代共产党员的优秀代表,是践行有理想信念、有道德情操、有扎实学识、有仁爱之心的"四有"好教师要求的先锋模范,是当之无愧的时代英雄。

记者　时秀敏

原载于《信阳日报》2018年9月11日

我市开展向舍身救学生的信阳教师李芳学习活动
传递榜样力量　争做"四有"教师

日前,市教育局下发通知,决定在全市教育系统深入开展"向李芳同志学习,争做'四有'好老师"主题教育活动,号召全市教师以李芳为榜样,强化师德修养,钻研业务知识,提升教学能力,关注学生成长,做"有理想信念、有道德情操、有扎实学识、有仁爱之心"的教师。

据了解,李芳是信阳市董家河镇绿之风希望小学的教师,2018年6月,她在护送学生放学回家途中,面对突如其来的车辆,果断推开学生,把生的希望留给了学生。4名受伤学生经过救护已无大碍,而李芳因抢救无效离世。

李芳是我省优秀乡村教师的杰出代表,是践行有理想信念、有道德情操、有扎实学识、有仁爱之心"四有"好老师的先锋模范。市教育局要求各县区、各学校充分利用校刊、广播、电视、微博、微信以及橱窗等宣传阵地,通过组织学习、讨论、座谈及征文比赛等形式,大力宣传李芳精神，掀起学习李芳精神的新高潮。

市教育局还将在全市教育系统开展"寻找'李芳式'好老师"宣传推介活动，要求各县区、各学校积极组织教师认真学习李芳的先进事迹，发现本地、本校的"李芳式"好老师，加强我市优秀教师培养、宣传和推荐工作并形成长效机制。各县区、市直各学校要广泛开展"寻找'李芳式'好老师"宣传推介活动，并推荐1名优秀教师参加全市"李芳式"好老师评选。

市教育局将通过市教育电视台、《鹤壁日报》"教育之窗"、《淇河晨报》"教育周刊"、鹤壁教育信息网等对评选出的"李芳式"好老师的先进事迹进行大力宣传。

市教育局还将开展"争做'李芳式'好老师"师德主题征文活动。征文对象为全市各级教育行政管理人员、教学科研人员和各级各类学校教职工。文体不限，要紧扣"争做'李芳式'好老师"的主题，联系个人实际，反映工作现实，内容要真实生动。

通讯员　杨自起
原载于《淇河晨报》2018年11月2日

商丘市睢阳区北海小学学习李芳先进事迹争做"四有"教师

11月13日下午,睢阳区北海小学再次召开了向优秀教师李芳老师先进事迹学习会。

会上,全体老师共同学习了2018年8月9日《人民日报》发表的关于李芳老师事迹的文章《引路,永恒的星光》。在学习过程中,偌大的教室内鸦雀无声,在场的很多老师都红着眼睛,有的默默地擦着眼泪,有的已经泣不成声。会场的每一位教师都深为最美教师李芳老师的先进事迹感动。

最后,全体教师庄严宣誓:"忠于人民教育事业,履行教师神圣职责,贯彻国家教育方针。热爱学生,为人师表;依法执教,教书育人;勤勉敬业,严谨治学;团结协作,甘于奉献;终身学习,勇于创新。做学生良师益友,铸教师高尚人格。为中华民族的伟大复兴,为人类社会的文明进步,我愿献出全部力量!"

原载于商丘新闻网 2018 年 11 月 15 日

第四章 述评言论集萃

用生命诠释爱的真谛

生死关头,面对冲来的车辆,她用柔弱的身体挡住自己的学生。6月13日4时40分,因保护学生被违章车辆撞倒后抢救无效,信阳市浉河区董家河镇绿之风希望小学李芳老师的生命,永远定格在了这一刻。

"您像一支蜡烛,虽然细弱,但有一分热,发一分光,照亮了别人,耗尽了自己。这无私的奉献,令人永志不忘。"连日来,李芳老师英勇救人、因公殉职的事迹在朋友圈刷屏,引发网友热议和转发,很多素不相识的人纷纷表达了对李老师的敬意和痛惜之情。

当失控的三轮摩托车冲向孩子们的队伍时,李芳本来可以做出另外一种选择。然而,在生死关头,她却用自己的血肉之躯护住学生,这一见义勇为的壮举,诠释了爱生如子的师者担当,闪耀着舍己为人的人性光辉。亿万网友深受感动,纷纷点赞、留言,是因为这样的义举震撼人心,击中了我们心底最柔软的部分。人的生命只有一次,在生与死的考验面前,勇敢与怯懦、崇高与卑微,高下立现。"最美教师""平凡英雄"李芳再次向社会昭示,不管时序如何更替,社会价值诉求如何嬗变,人性的良善不会泯灭,爱和责任是我们永远不变的道德底色。

生与死选择的背后,其实是人生观、价值观的支撑。爱的真谛是奉献。正是对孩子毫无保留的大爱,让李芳在关键时刻挺身而出,把生的希望留给孩子,把极度的危险留给自己。在近30年的教师生涯中,李老师始终兢兢业业,教书育人,勤奋耕耘在三尺讲台上。日复一日,年复一年,正是默默无闻的平凡孕育了伟大,她始终全身心关爱学生,把学生当成自己的孩子,才会有那样毫不犹豫的英雄壮举。

学为人师,行为世范。在人们的心目中,教师职业是神圣的,教师的行为点燃着人们对真善美的向往,往往具有导向示范作用。李芳老师用宝贵的生命诠释了教育的真谛,那就是对学生无私的奉献和关爱。

您给了我们一把生活的尺,让我们自己天天去丈量;您给了我们一面模范的镜,让我们处处有学习的榜样。从郑经纬到谭千秋,从徐本禹到孟二冬,从张丽莉到李芳,曾如春花般灿烂的辛勤园丁,他们平凡而又伟大的感人情怀,明天的我们是否还会继续说给孩子们听?今天,当我们为最美教师李芳在生与死之间的果敢抉择感动之时,还请时刻铭记这些榜样,凝聚那些来之不易的向善力量。

《河南日报》评论员　刘婵
原载于大河网 2018 年 6 月 15 日

每位无私奉献的老师都是值得礼遇的英雄

6月11日17点51分,李芳老师像往常一样护送学生放学回家,一辆失控的三轮摩托车飞速冲来,将悲剧定格在这个时刻:电光石火的生死关头,李芳老师奋力推开学生,以血肉之躯独力阻挡死神。四位学生受伤,李芳老师当场昏迷。如今,受伤的学生经过治疗均已出院。李芳老师却未能留下只言片语,永远地离开了她深爱的孩子们。

"生如夏花之绚烂,死如秋叶之静美。"缤纷的夏花如秋叶般簌簌落下,不由得让人泪流满面。连日来,李芳老师的事迹广为流传,这个在平凡岗位上默默奋斗了近30年的普通老师,成为世人瞩目的焦点。社会各界人士从四面八方赶来,自发地送别李芳老师。很多人的朋友圈因为李芳老师而刷屏,无数网友纷纷用动情的文字表达敬仰、寄托哀思。李芳,这个普通的名字,正在成为"学高为师、身正为范"的舆论最强音。

在悼念李芳老师的文章中，信阳市委副书记刘国栋动情地写道：李芳老师，您用抉择教给了学生最后一道题，您用生命完成了教师最后一堂课！这是一道没有选择的题——面对如猛兽般闯来的失控车辆，李芳老师毫不犹豫地挺身而出，以血肉之躯庇护惊慌失措的孩子；这是一堂永不休止的课——经历了惊心动魄的一幕，幸免于难的孩子注定会铭记终生，纯粹而高尚的师魂，是值得他们毕生珍藏的精神财富。落红不是无情物，化作春泥更护花。这是一个老师的人生总结，也是一个职业的无上荣光。

漫漫人生路上，我们都会遇到无数的人，不过，最令我们难以忘怀的往往是小学老师。这不是因为他们教我们读书认字，更是因为他们是我们人生之路的"领路人"，他们的言谈举止，往往会给每个懵懂的孩子留下难以磨灭的烙印。回顾李芳老师的人生轨迹，看不到惊天动地的丰功伟绩，也没有留下气壮山河的豪言壮语，留下的只是润物无声的工作细节，以及爱岗敬业的点滴往事。然而，就是这样一位平凡的老师，却在危急关头做出了不平凡的举动。这其实一点都不令人意外——对于那些为孩子倾注全部心血的老师而言，关心爱护孩子被他们视为应尽之职，平日里的默默奉献，往往会在危急关头化作挺身而出的巨大动力。他们选择了平凡，形势将他们打造成英雄。其实，对于那些习惯了付出的老师而言，身份标签并不重要，重要的是，他们教书育人的热忱从未改变。

著名教育家陶行知曾说："千教万教，教人求真；千学万学，学做真人。"这句话的前半句是就老师而言，后半句则是说给学生听的。"教人求真"自当首先"学做真人"。作为"人类灵魂的工程师"，绝大多数老师从来都不缺乏求真务实的严谨学风,也不缺少至真至纯的人格魅力。虽然他们在多数时候都默默无闻地奋斗在教学一线,我们既听不到他们的声音,也很少能看到他们的事迹,但就是这些普普通通的教育工作者,支撑起了我们的教育事业。尽管没有惊天动地的壮举,谁又能说,他们不是当之无愧的英雄?

如果说伟大的人物改变中国,那么,平凡的人物更容易感动中国。在那些平凡的"小人物"身上,我们或许看不到什么丰功伟绩,但他们默默无闻的长期坚守,更容易使人看到他们质朴的价值观念,由此不仅容易使人产生共鸣,更是为我们留下了一笔宝贵的社会财富。以英雄的名义,我们向李芳老师致以崇高的敬意,与此同时,我们同样不应忘记千千万万默默无闻的普通老师——孩子是我们未来的希望,老师则是孕育希望的暖床,每一位至真至纯的老师,都是值得我们礼遇的对象。

评论员　赵志疆
原载于《大河报》2018 年 6 月 15 日

不是每个人都能舍生取义

生如夏花之绚烂，逝如秋叶之静美。李芳老师走了，在"太阳底下最光辉的事业"里，站好了生命中的最后一班岗——面对闯红灯飞驰而来的三轮摩托车，她用血肉之躯守护住学生，自己却再也没能醒来。

李芳老师用生命定义了新时代的"师者"，她用舍生取义的身教诠释了"德高为范"。四名仅受轻伤的学生，以及无数感同身受的网友，将会见证"师道"最好的传承。

斯人已逝，那条上演过罪恶和壮烈的十字路口或许依然车水马龙，但在人生的讲台上、在每一个抉择的路口，李芳的精神将永不湮灭。数以千万的网友和师生，还能在模糊的泪光中，追忆她的音容、她的笑貌，聆听那粉笔叩击黑板的铮铮回音，感悟那义无反顾的"最后一课"。

"爱自己孩子的人是人，爱别人孩子的人是神。"在生与死的刹那间,在己与人的抉择前,李芳老师毫不犹豫地挺身而出,呵护了四名学生的岁月静好——不是每个人都能舍生取义,但师恩和母爱让一切成为本能!

桃李不言,难遮师恩如海;万人挥泪,感恩爱生如子。

李芳老师用言传身教,再次让教师这一美丽行业熠熠生辉。我们不必时时吟诵"春蚕丝尽",不必处处高歌"蜡炬成灰",只需让我们的精神在某一个时刻走向信阳董家河镇,走向6月11日的那个下午,走向李芳老师,让我们从心灵深处向师者致敬——这不仅是尊师重道,更是尊重未来!

"芳"华易逝,精神永存。李芳——这位学生心目中"烛光妈妈"般的最美教师,是新时代河南教师中的优秀代表,是教坛群芳园中鲜艳夺目的一朵,亦是侠肝义胆中原人的精神代言。她的爱生如子,必将激励着越来越多的教师坚定信念、教书育人;她的舍生取义,必将感召着越来越多的后生尊师重道、践诺奉献。

评论员 刘克军
原载于映象网 2018 年 6 月 15 日

师者本色演绎人间大爱

生死一瞬间,李芳老师用生命完成了最后一堂课,留给人们无尽的悲痛和思念。6月16日,李芳老师的追悼会在河南省信阳市董家河镇举行。前来悼念的多达数千人,有信阳当地人,也有许多外地人,他们中很多人并不认识李芳老师,却被她的事迹所感动,自发组织前来悼念。李芳老师因公殉职,用无私奉献的精神诠释师者本色,获得了人民群众的尊敬和爱戴。

为人师表,大爱无疆。生死一瞬间,在车祸发生的那一刻,李芳老师没有丝毫的犹豫和迟疑,挺身而出,用自己的血肉之躯为学生筑起了一道安全屏障,用勇敢无畏的心锻铸出不朽的师魂,用自己的生命把师道精神上升到新的高度。席勒说过:"爱能使普通的灵魂伟大。"平凡中成就伟大,师德从不是抽象的概念,而是体现于老师的行为举止、言谈风貌中,呈现在呵护学生、躬身实践的细节中,日用而不觉,润物细无声。李芳老师用大爱拥抱生命,感人肺腑、催人奋进,永远是我们学习的榜样和楷模。

落红不是无情物,化作春泥更护花。人最宝贵的东西是生命。生命只有一次,对每个人都弥足珍贵,但面对生死抉择,李芳老师首先想到的是学生的安全。是什么力量促使一名弱小的女教师舍身保护学生?李芳老师的行为看似偶然,实则有着必然的逻辑,不假思索的行动早已内化为本能的职业素养。在这里,没有值得不值得,只有应当不应当。李芳老师一直坚守在基层教育一线,对学生有一颗慈母般的仁爱之心,爱护学生胜于爱自己,把自己的情感倾注到每一个学生身上,才催生了感动世人的壮举。学高为师,身正为范,教师的本能让她做出了选择。大爱无痕,大音希声,高贵的人格让她做出了高贵的选择。她的英雄壮举,闪烁着爱生如子的母性般的师德光辉,诠释了"学为人师,行为世范"的崇高师德,集中展现了师德的人性光辉和崇高价值。

斯人已逝,精神长存。感动,往往源自于平凡而伟大的灵魂。感动的力量只能来自真实,感动社会的,原本也应该就是如此血肉丰满的凡人。善良是人类最伟大的品格。总会有很多人、很多事让我们感动,那些动人心魄的人和事,之所以成为新闻、备受推崇,是因为这些人和事既让我们看到了久违的社会良知,也让我们看到了中华崛起的希望。人们将一直记得,曾有一位平凡而又伟大的老师,在这里用生命上了"最后一课"。今天,我们送别一位好教师,不仅要在宏观意义上加深道德认知、增进情感认同,更要在具象层面上记住那些感动世人的瞬间,体味她为着什么样的梦想、走过怎样的心路。

天地英雄气,千秋尚凛然。一个有希望的民族不能没有英雄,一个有前途的国家不能没有先锋。每个时代都有自己的英雄,每个向上的民族都需要英雄精神的滋养。有句话常常被提起——岁月静好,是因为有人替你负重前行。然而,生逢这个伟大的时代,社会对这个问题的思考,不该止步于缅怀和仰望英雄。榜样的标准没有那么高不可攀,英雄其实人人可为,每个人都要见贤思齐,善于用正面的镜子审视自己的内心,主动追求进步,从榜样身上汲取前行的力量,"把每件事都做到最好",在平凡中创造不凡的业绩。我们在洒泪挥别这位人民的好教师的同时,更应学习她临危不惧、舍己救人的英雄气概,学习她无私奉献、爱生如子的高尚情怀,学习她爱岗敬业、为人师表的崇高品格,在平凡的岗位上贡献出自己的光和热。

原载于《中国教育报》2018年6月17日

河南教师 芬芳全国
——我省先进教师群像扫描

这是一支占全国总量约十分之一的教师队伍：161.31万人，奋战在5.58万所学校，支撑起2659.62万在校学生这个庞大的教育体系。

这支队伍从不缺乏先进者，李芳、张玉滚、王生英、刘文婷……从时代楷模到全国最美教师、全国教书育人楷模，河南先进教师群体声名远播。

他们是新时代"四有"好老师的典型代表，怀揣着对党的忠诚和对教育事业的热爱，恪守着"德高为师、身正为范"的职业信仰，坚持立德树人，坚守三尺讲台，苦干实干、不求功名，用行动践行时代精神，用担当兑现庄严承诺，加高着出彩河南人的形象丰碑。

三尺讲台 一生秉烛

17年，是38岁的张玉滚甘愿交予巍巍大山的时间，他用坚守点亮希望；2秒钟，是命运甩给49岁的李芳生死抉择的时间，她用本能定格生命。他们的故事，注定被时代铭记。

还有些故事，被亿万网友颂扬：任明杰，苦中有乐用30万字记录特岗生活；曹根东、金诚，义无反顾跳入水中勇救落水者；靳利勇，不怕风险徒手端走起火油锅……

他们都是今年涌现出的河南先进教师的代表。而当我们将目光投向过去几年，不难发现，全国层面重要的教师表彰，从未缺少过河南教师的身影。

先看全国教书育人楷模。2010年，林州市横水镇卸甲平村小学教师王生英从全国上千万名教师中脱颖而出，成为10位首届全国教书育人楷模之一。此后，我省全国教书育人楷模队伍不断扩大：有把智力障碍孩子当作亲生孩子来照料，特殊教育一干就是27年的刘文婷；有为实现全中国"白面馍梦"，做坚定麦田守望者的郭天财；被誉为"十八弯山路上的一轮明月"的张玉滚在获评全国教书育人楷模后，还被中央宣传部授予"时代楷模"称号。

再看全国最美教师，我省教师近3年连续获此殊荣：有用舞蹈帮助折翼天使实现成才梦想的"特教精灵"梁琰；有带领学生征战国际绿茵沙场，向世界展示校园足球中国力量的窦志刚；还有用生命上好最后一课的李芳。

"从老一辈到新生代，从大学校园到偏远村小，从三尺讲台、科研基地到特教舞台、绿茵沙场……如雨后春笋般涌现出的河南先进教师，涵盖各年龄阶段，覆盖各教育类型，构成了一个颇有社会影响力的群体。"河南省社会科学院研究员周全德如是说。

高贵精神　凝聚力量

著名教育学家苏霍姆林斯基说,高贵的精神是不会停步不前的,它经常使人勇敢而无所畏惧。

走近河南先进教师群体,可以深切感知高贵精神直抵心灵的震撼力量。

这高贵精神,是坚定持久的理想信念,是对党和国家的忠诚。这理想信念,绝不是随随便便的口头承诺,而是融入血液的赤诚信仰。

山乡教师李芳生长在大别山区,从小受到革命精神洗礼,像极了生命力顽强的映山红,一旦扎根就咬定青山不放松,坚守着,绽放着。爱党、爱国、爱家乡,她想让山里娃记住这笔宝贵的精神财富。她常对学生说:"幸福生活来之不易,千万不能忘了家乡这片红色的土地。"

身患残疾的王生英,30年独守深山,以校为家,以家为校,学生们亲切地叫她"妈妈"。她说:"我甘于清贫,但我不甘于家乡的贫困。"她坚信,唯有读书才能改变命运,无数个贫困家庭的命运改变了,国家和民族才有希望。

校园足球教练窦志刚,带领学生一周进行6次训练,20余年如一日,风雨无阻。他说:"能在最普通的体育教学队伍里'踢正步',让中国足球小将走出国门,是有意义的事情。"

这高贵精神,是熠熠生辉的道德情操,是对学生、对教育的挚爱。其实,道德情操不见得"惊天动地",它体现在为每个学生创造人生出彩机会的点滴。

特教老师刘文婷为孩子换洗衣裤、床单,帮他们剪指甲、擦鼻涕,日子单调而琐碎。有人称赞她说:"你真了不起。"刘文婷摇头微笑:

"我是无法拒绝这些无辜而可爱的生命啊。我愿用爱守护折翼天使。"

梁琰是位聋哑舞蹈团队的老师。为让无声天使感受音律,她让学生把手放在音箱上,自己用脚合着节拍用力踏地板,每年都要"淘汰"一批踏破底的舞鞋。她的心愿是"希望孩子们走上社会后能够自食其力"。

这高贵精神,是拼搏进取的责任担当,是把工作视为事业的决心。他们深知,拼搏进取不能靠钻营取巧,而是凭借锤炼扎实的学识,在平凡岗位上发光出彩。

身在深山的张玉滚手执教鞭能上课,掂起勺子能做饭,"不耽误一节课,千方百计上好每一节课"。他把大山当课堂、树木当教材,富有特色的教学让山里孩子自信快乐地成长。

小麦专家郭天财的实验室在黄土地上,在小麦生长的240多天里,他有186天都在乡下,成为老百姓口中的"神专家",他的最大梦想就是让"中原粮仓"成为名副其实的"天下粮仓"。

河南先进教师群体的事迹告诉我们:当个人理想融入时代洪流,并转化为脚踏实地的苦干实干,再平凡的岗位也能创造出彩人生。

丹心不忘　为民铸魂

三寸粉笔,三尺讲台系国运;一颗丹心,一生秉烛铸民魂。河南先进教师群体的精神一遍又一遍地感动了无数人。我们不禁要问,榜样频出的原因是什么?

河南先进教师群体在庞大教师队伍中的脱颖而出,源于这片被中原文化滋养的土壤。中原优秀传统文化所倡导的立德立功立言立行,滋养出河南人包容宽厚、大气淳朴的内在品格;共产主义理想信念、社会主义核心价值观蕴含的科学性、合理性及其人文性,提振了河南人勇于担当、甘于奉献的精气神。当中原优秀传统文化与共产主义理想信念、社会主义核心价值观交融共生,河南教师那一颗颗赤诚丹心便转化为甘于奉献的自觉行动。

河南先进教师群体在庞大教师队伍中的脱颖而出,源于我省持续加强教师队伍建设,特别是师德师风建设。近年来,我省深化师德师风综合治理,推动师德建设工作常态化、长效化。2010年起,开展河南省师德师风先进校评选活动;2013年起,实施中原名师培育工程;2015年起,建立开展年度"河南最美教师"宣传推介活动制度……

此外,我省还加强师德宣传,在全社会弘扬尊师重教的良好风尚;创新师德教育,严把入口关,将师德建设贯穿于教师培养和培训的全过程;推动制度建设,建立教师入职宣誓制度,实行师德考核一票否决制;强化师德监督问责,开展师德专项检查、突出问题专项治理活动等。

"以师德宣传为途径,以系列主题活动为抓手,以建立师德建设工作评估制度为保障,通过在师德建设方面打出一套组合拳,有效加强了全省的师德建设工作,逐步建立起宣传、教育、考核、奖惩、监督'五位一体'的中小学幼儿园教师师德建设长效机制。"省委高校工委专职副书记、省教育厅党组副书记郑邦山说。

先进群体是最生动的教科书。当李芳的故事在大江南北被广为传颂的时候,永城市蒋口镇夏庄埠小学语文老师甘燕鸣在微信朋友圈写下这样一首小诗:"您以灵魂的芬芳熏陶着我们,以人格的魅力感召着我们,我们将扛起您未竟的事业,点亮明天……"

记者　王晖　周晓荷
原载于《河南日报》2018年11月24日

第五章 悼念李芳老师诗文集锦

英雄教师

一

以现实的肉身救下一群孩子的精神
一个英雄女教师走进落日
在一条钢铁咆哮的马路上
用鲜血板书
相信未来,相信花朵盛开的早晨

那些生还的学生
会终生牢记李芳这个名字
一个生命绽放的芬芳
将为一片土地孕育纯粹的灵魂
这是师者的最终使命

托起每一颗初升的太阳

二

您回归大地的路上
有一万朵盛开的鲜花
高举闪亮的露珠
一起去天国为您送行

在这草木摇落的季节
任何伤痛与悲怆
都无法打断通向泥土的生命
灵魂深处绽放的泪花
凝结成透视梦想的水晶

李芳老师,一路走好
我们相约在未来
相约在花开芬芳的季节

温青,中国作家协会会员,河南省信阳市作家协会副主席

原载于《河南日报》2018 年 9 月 28 日

世上有朵英雄之花
——追忆信阳李芳老师

世上有朵美丽之花,那是青春吐芳华

1986年9月,一群来自四面八方的农村孩子相聚在信阳师范学校86级2班,相聚在这间普通的教室。正值青春花季,他们天真、稚气、羞涩,还带有离开家乡和亲人的那种寂寞与愁绪。86级2班李芳是一位卓越的中师生。初中时,她就是一位品学兼优的好学生,再加上她很漂亮,很多董家河中学(初中)82级的学生都认识她。

李芳不仅长相甜美,而且学习成绩优异。在20世纪八九十年代,成绩不好的学生很难考得上中师。李芳在中师三年的辅导员、现已退休多年的袁守格说:"当时能考上我们学校的学生,都是在各乡成绩非常出色的。而从李芳的成绩来看,说她是佼佼者中的佼佼者也不为过。"中师生,是聪慧与美丽的代名词,是很多城市小学校长、特级教师骄傲的身份,是顶起中国教育半壁江山的优秀群体!

李芳热情大方，集体荣誉感很强。刚入校不久，班主任王沂洪老师就指定她担任班级文艺委员和推广普通话小组组长。李芳在黑板上抄写歌词、歌谱，指挥大家唱歌、练习粉笔字的情形，很多老同学至今仍历历在目。过去，中师学习是丰富多彩的素质教育，因为没有高考的压力，职业定了方向，所以这里更像是个练兵场。李芳基本功很扎实，有空便与同学们刻苦练习毛笔字、钢笔字、粉笔字、简笔画、标语等技能，基本功大展示是校园里最壮观的一幕。

李芳是文艺委员，能歌善舞。李芳还特别喜欢邓丽君，不仅喜欢她的歌，还喜欢她的美。在她带领下，同学们个个都掌握一门音乐或乐器技能，自信阳光。那时候，师范学校音乐楼的琴房很多，整个艺术楼里琴声此起彼伏。

李芳老师是信阳师范学校学生中的佼佼者，是一朵美丽的花，她的青春吐露芳华。

世上有朵担当之花，一路芬芳满山崖

1986 年 7 月 23 日，李芳在报考定向志愿保证书上写道："我自愿报考信阳师范学校，毕业后愿意到边、偏、远、穷山区任教，一定服从组织分配。"

李芳做到了，她用一生的实际行动践行了当初的诺言。1989 年，20 岁的李芳老师被分配到地理位置偏远的黄龙寺学校，学校与湖北省桐柏县搭界，不通班车，不通电，路况差。李芳没有叫苦怕远，她深知教书任重而道远，她骑着自行车去学校，坚持初心，任劳任怨，坚守在最边远的村小教学岗位上。1990 年，因为她工作优秀，调至信阳董家河谢畈小学任教，2008年又因该校撤并，调至绿之风希望小学任教。29年来，她从未离开董家河这个偏远的乡镇，从未离开这方山村讲台。她29年如一日，奔波到30多公里以外的乡村小学教书，无怨无悔。作为一名20年党龄的共产党员，她始终铭记入党时的庄严宣誓，坚定理想信念，忠诚党的教育事业，用实际行动诠释了一名共产党员应有的价值追求和使命担当。

作为一名普普通通的人民教师，在近30年的乡村从教经历中，她扎根山区小学教育，忘我工作，全心全意、无怨无悔地献身教育事业。

她一心扑在工作上，把教书育人当作自己的第一要务，认真踏实地完成自己的本职工作，为学生准备好每一节课。

她积极推进素质教育，始终坚持用学科中最先进的教育思想和方法教育学生，总是以新的课程理念打造每一堂课，课课都是优质课、精品课。

她积极参加中小学信息技术应用能力、班主任等各类培训，为提高自身素质"充电"。

她先后获得各级教育行政部门表彰的优秀班主任、教学能手、优秀辅导员等荣誉称号22项，在平凡的工作岗位上闪耀出不平凡的光辉。

在培养青年教师上，她不遗余力。但在荣誉面前，她总是把荣誉和机会留给青年教师，锻炼他们，当好他们的"老先生"。青年教师被李芳老师无私大度的精神感动，都称她为"好姐姐"。

29年来，她一直不忘初心、扎根农村、默默耕耘，她多次放弃调往城市工作的机会,将所有的心血倾注在山区教育事业上。李芳是真正的师者,她用一生的实际行动践行了当初的诺言,用青春书写了美好年华,并用生命给孩子们上完了最后一课。

李芳老师是河南信阳浉河区董家河镇一朵美丽的花,她的一生都献给了山村教育,一路芬芳满山崖。

世上有朵英雄之花,顶天立地迎彩霞

2018年6月11日这一天,一个在三尺讲台上耕耘了29年的生命,瞬间完成了一个伟大壮举。一个在平凡的岗位上默默无闻、无私奉献的老师,为了保护学生,在生死攸关时刻,不顾自身的生命安危挺身而出,用她柔弱的身躯去挡飞奔而来的三轮摩托车,并奋力推开四个孩子。那一刻她把生的希望留给了别人,把死亡的残酷留给了自己,那一刻她勇敢地在岁月的延长线上画上了一个沉重的句号。很多老师说,原来这么多年,我们一直都是同行的陌生人,各自在不同的地方做着相同的工作——把爱心和责任变成生命的乳汁默默奉献。今天我们认识了李芳老师,却是在这样一个凄美的故事里。

死亡对任何正常人来说都是一件可怕的事。可是,作为老师的她,在危急关头,毫不犹豫地用生命作代价换回了四个孩子的安全。用生命决然换回跟自己毫无血缘关系的生命,试问,一个不爱教育、不爱学生、没有责任感、没有担当的老师能做到吗?

李芳做到了,她用一贯的善良和担当,她用一贯的无私和博爱,诠释了一个人民教师为人师表的高尚,彰显了一个人民教师的光辉师德,书写了新一代开拓进取、无私奉献的师魂。

这是一种怎样的勇气,这是一种怎样的高大,这是一种怎样的不可想象。那一刻,她那不假思索的一推,不仅仅推开了四个孩子面临的危险,还塑造了一代师魂。29年的平凡路,29年的坚守与博爱,在那一刻迸发出所有的光辉,迸发出了一个热爱教育的师者的情怀。

孩子得救了,李芳老师却永远地倒在了血泊中。她用为师者的爱心和担当为孩子撑起了一片蓝天,她用生命的坚定和铿锵谱写了一曲大爱无疆的赞歌,她用无私奉献的精神定格了一个优秀教师最美的姿势。

善良至此,爱心至此,责任至此,担当至此,一个教师的教育情怀至此。如果再有一次,我想:这依然是她义无反顾的选择,也是许许多多有爱心、有责任心的师者的选择。一个李芳倒下了,会有一个庞大的教师群体把李芳老师的精神发扬光大。

有人说,疼爱自己的孩子是本能,而热爱别人的孩子却是神圣的。李芳做到了,张丽莉做到了,谭千秋做到了……所有的有教育情怀的老师们做到了。可是,又有谁知道,在做到这些的同时,他们中有多少人顾不了家,顾不了孩子,顾不了自身的健康,甚至顾不了自己的生命。

《中共河南省委高校工委　中共河南省教育厅党组　关于开展向李芳同志学习活动的通知》写道:"面对飞驰而来的失控车辆,在经受生死考验的瞬间,李芳同志选择用自己的生命换回孩子的生命,用自己的生命延续孩子的生命,用自己的血肉之躯为学生筑起一道安全屏障,用勇敢无畏的心锻造出不朽的师魂,用灿烂的生命铸就一座巍峨的师德丰碑。她在危急时刻的英勇壮举,充分展现了人民教师

'舍己为人'的人性光辉,诠释了博大的胸怀和对教育事业的深深热爱,生动演绎了'学为人师,行为世范'的高尚师德,彰显了新时代人民教师的崇高品格,塑造了新时代人民教师的光辉形象。她是党和人民满意的好老师,是我们身边的最美教师,是我们学习的榜样和楷模。"

  李芳,一个娇柔女子,曾经是父母捧在掌心的千金,曾经是爱人揽在怀里的娇妻,曾经是女儿撒娇的摇篮,曾经是学生心中的灯塔……可现在她走了,走的是那样洒脱,走的是那样大气,走的是那样坦然而坚定。我们用《绒花》这首歌为李芳老师送行:

世上有朵美丽的花,那是青春吐芳华

世上有朵担当的花,一路芬芳满山崖

世上有朵英雄的花,顶天立地迎彩霞

铮铮硬骨绽花开,滴滴鲜血染红它

花载亲人上高山,一路芬芳满山崖

啦~啦~绒花绒花啦~啦~

黄文卫,信阳市教育局师训科科长

永远的芳华

有一首歌这样唱道:"谁不知生命的可贵,谁没有幸福的渴望……"然而信阳市浉河区董家河镇绿之风希望小学的李芳老师,6月11日下午护送学生回家途中,面对急速驶来的失控三轮摩托车,奋力将学生推开后,自己却挡在学生身前被撞倒。医护人员虽全力抢救,仍未能挽回她的生命。6月13日凌晨,李芳老师平静地离开了。

在生死关头她把生的希望留给孩子们,把生命的光华定格在她49岁的年轮上。她的壮烈举动一夜间成为华夏大地上最美妙的乐章。

李芳老师的感人事迹我们耳熟能详,这里不再赘述。透过李芳老师用生命书写的灿烂与辉煌,此时此刻,我的眼前浮现出这样一群英雄的雕像。

搜索我们教师队伍的精英,有这样一名教师撞击着我们的心灵。2012年5月8日,黑龙江省佳木斯市第十九中学的张丽莉老师,同样是在放学护送学生回家时遭遇车祸。她的学生安然无恙,而她被碾轧在车轮之下,造成高位截肢,留下终身残疾。

李芳、张丽莉老师仅是我们教师队伍的典型个例,还有一个这样的群体,他们用热血和生命缔造的故事依然可以让山河为之动容,让花儿为之落泪。那是2008年的5月12日,汶川县发生了里氏8.0级的地震,这场空前的灾难让美丽的汶川成为一片废墟,让许多汶川人民接受着生与死的考验。在这场灾难中,袁文婷老师在救出13名孩子后被大梁压住,她的心脏停止了跳动,她的生命化作一道彩虹辉映着浩瀚的星空。刘宁、张兰老师为救别的孩子牺牲了自己孩子的生命……西风呜咽,大地含悲,他们的爱心化作江水在天府之国成为永恒。

此时此刻,我还想起发生在我们身边的许许多多优秀教师的感人事迹,他们的故事虽不能像李芳、张丽莉那样感天动地,但他们默默耕耘在平凡的工作岗位上,同样为我们树起了"学高为师,德高为范"的丰碑。

英雄人物一旦出现,就必然会走向公众,走向社会,走向世界,成为人类共同拥有的精神财富。他们犹如一颗颗火种迸发出强大的精神力量,激励着我们成长!这些教师中的典范,是教师的骄傲,我们作为人民教师,在新时代的新征程上,会自觉以英雄为榜样,敢于担责、担当、担难,用热血和忠诚为教育事业的振兴建功立业,用心血和汗水守护祖国的未来和希望!

李芳老师走了,告别了她所钟爱的事业、她所眷恋的学生和这个美丽的世界,但她用生命留下的芳香会永远在神州大地上激荡!

陈华,信阳市息县杨店乡小学教师

悼李芳老师

绵绵夏风长,青青杏麦黄。
农人耕垄亩,稚子诵书堂。
放学归来早,随行护佑忙。
懵痴四子缓,迅疾三轮狂。
纤手呵花蕊,柔躯抵铁钢。
纵然临惊梦,万幸受轻伤。
瑟瑟飘孤絮,翩翩坠夕阳。
童医先复愈,师治后亡殇。
四望山苍缈,南湾湖浩荡。
青天云泣露,大地草蒙霜。
取义承高格,临危赋彩章。
桃李春风劲,师魂万古芳。

李师芳君,为吾同龄人,亦为家乡人,近天命之年,亦正值盛年,尚有女未嫁,却遭此劫难,撒手而去,其家人亲友惜何如哉,痛何如哉!

　　然李师虽巾帼弱女,却高风大义,于危难之时,存闪念之间,骤出纤手护花朵,奋以柔躯挡狂车,舍己而救人,轻身而重义,亦伟何如哉,壮何如哉!

　　韩昌黎曰:"师者,所以传道授业解惑也。"李师授课于小学二年级,平日敬业如同家事,爱生若如己出,甘执乡学,乐育桃李,或无大志豪言,念及此三者当不懈也!然今日一跃,即成大象洪音,即立高标异格,此举当缘于此三者,而高于此三者多矣,其师德将烛照杏坛,其母性将光耀人间,彰德显性,亦幸何如哉,甚何如哉!

　　李师素未谋面,素未闻名,此一行当为杏坛师者正名提气,吾辈定铭记功德心志,善行善念,是以属陋文以祭,愿李师安息!

　　　　　　　　席本领,洛阳市某省级建筑安装企业工程师

从英雄校友李芳事迹想到的

我与李芳是信阳师范学校的校友,但从未谋面。我比她晚三届,她毕业那年的秋季我才入校。

不过,我相信许多人同我一样,从媒体报道的李芳生前的一桩桩感人事迹中,从她的一帧帧工作生活的朴素剪影上,已经瞻仰了李芳从学生时代到离世前不同时期的动人风采:从信师三年的青春岁月和青涩成长,到勤勉敬业、默默奉献乡村教育29载,直至2018年6月11日下午那一刻面对失控的车辆冲向学生时张开双臂的奋力一挡,无论是作为一个团结进取、立志教育的信师学生,一名热爱三尺讲台、扎根家乡杏坛的农村教师,还是一位舍己救人、感天动地的英雄人物,在媒体记者的连续报道下,在亲人、老师、同学、同事、学生及学生家长的动情讲述中,李芳的形象都是那么真实饱满,那么亲切感人。仿佛,李芳就微笑着站在我们面前,触手可及;仿佛,李芳还没有走远,就活在我们中间……

李芳虽然父亲早逝,但从她和二姐对她同学无私大度的关心关爱上,可以看出友善的亲人和良好的家风对她成长带来的润物无声的影响。她安慰初来乍到、远离亲人、孤独想家的室友;她经常周末带家远回不去的同学到家境并不宽裕的二姐家"打牙祭";她带头筹款送突发重病的同学到医院治病,并经常前去看望,还在二姐家炖汤送到医院让他补充营养;毕业后,每次有同学从外地到信阳,她再忙都抽空接送,并拿出微薄的工资热情招待,而遇同学聚会别人做东时她又总是想方设法替别人省钱……

信师三年,李芳在信师所受的教育我非常熟悉,她的成长经历我也感同身受。虽然在今天看来信师毕业生学历很低,但我一直以自己是一名信师毕业生而自豪,因为我觉得有着光荣传统的母校是注重素质教育、理想教育和师德教育的师范教育的成功典范。这三年是我们师范毕业的学生一生中成长最为关键的三年,是我们世界观、人生观、价值观基本形成的时期。工作已经26年的我经历了从乡村到城市的转折和从教育到行政的转行,但仍然保持着爱岗敬业的职业习惯和理想主义的个人追求,这主要是母校三年的哺育刻下的烙印。我想,我的优秀校友李芳同志一定更是如此。

我们的英雄校友李芳走了,带着我们深深的感动和自豪,也留下我们无尽的惋惜和怀念。我觉得,我们在大力宣传英雄的先进事迹、弘扬英雄的高尚品质的同时,更应注重发现和褒扬更多活着的英雄和好人。我们不能埋没更多平凡的好人,不能忽略更多活着的英雄。好人长期默默奉献,往往不求回报,但我们不能亏待好人;英雄一时的惊人壮举也并非为了不朽，但我们对英雄的敬仰和缅怀也不能停留在一时。值得欣慰的是，我省、我市对李芳同志的宣传学习活动正在不断深入、持续升温。省委、市委均做出了追授李芳同志"优秀共产党员"称号并开展向李芳同志学习的决定。不久前，《信阳晚报》连续推出"透视信阳好人现象"三篇系列述评，并被中国文明网等多家媒体转载。更多我们身边的"信阳好人"被群众、媒体发现和称颂，受到党委、政府及有关部门的表彰和褒奖：在泰国游船倾覆的危难时刻冒着生命危险勇救四人的信阳小伙张皓峰，跳水救人不留姓名的董勇，勇救溺水者的新县二中教师金诚，善良助人的信阳籍女兵司晓俊，以及拾金不昧的罗山县村民李尧清、包付群……

李芳是一位英雄、一个好人，更是一名师德高尚的"人类灵魂的工程师"。一个国家，一个社会，只有为人师表的教师群体师德高尚了，才能培养出品德高尚的下一代，才能一代一代地不断提升道德层次和文明水平，累积起社会进步和民族振兴的强大动力。但是，教师在生活中也是普通人，要面对油盐酱醋、得失荣辱，学校也不是绝缘于社会的"真空"，难免会受到一些社会不良风气的熏染和侵袭。要培养良好的师德师风，就要营造具有良好道德风尚的社会大环境，这两方面是相互促进、相辅相成的。

如果说，教师是学生做人的表率，那么，承担着社会管理责任的各级公务人员，尤其是党员领导干部就是普通公民的道德示范。习近平同志2004年担任浙江省委书记时，曾经在《求是》杂志发表过一篇讲从政道德的文章，题目叫《用权讲官德，交往有原则》。文中说，德，不仅是"立身"之本,而且是"立国"之基。所谓官德,也就是从政道德,是为官当政者从政德行的综合反映,包括思想政治和品德作风等方面的素养。共产党人的官德,内容十分丰富,可以概括为六个字,就是"为民、务实、清廉"。"官"是人民的表率,为"官"者"其身正,不令而行;其身不正,虽令不从"。自古以来,官德隆,民德昌;官德毁,民德降。可见,官德影响民德,"官风"决定民风。为"官"者必须以"君子检身,常若有过"的态度,不断提高道德修养,时刻注意以德修身、以德立威、以德服众,在道德修养方面成为民众的表率。这也说明,领导干部的官德修养,在群众面前具有示范和导向作用,直接关系到社会主义道德建设的成效。

　　作为一名曾经的乡村教师,我由于种种原因离开教育岗位进入行政机关,到了条件相对优越的都市生活。在面对昔日的老师和同学时,我常常感到愧疚,觉得自己做了一名教育战线的"逃兵"。因此,进入公务员队伍后,不管岗位如何调整,职务怎样变迁,我总是以"为民、务实、清廉"的"官德"严格要求自己,努力做好工作,力求有所作为、服务人民、奉献社会,决不允许自己沦落为一个慵懒懈怠、尸位素餐甚至以权谋私的令人鄙视的小官僚。

　　最后一点,李芳没有牺牲于不可抗拒的自然灾害,也不是因为无法医治的重症离开人世的,而是倒在了完全有可能避免的交通事故的滚滚车轮下。每每想到这一点,我总感十分痛惜。希望有关部门在大力宣传学习李芳同志英雄事迹的同时,从李芳的不幸罹难中汲取血的教训,结合正在进行的全国文明城市创建活动,大力开展"文明交通"行动,在全社会牢固树立敬畏规则、珍爱生命的法治意识和文明风尚,给人民群众提供一个更加安全、放心、满意的社会环境。

陈胜良,信阳市国资委党委委员、总经济师,

信阳师范学校1992届毕业生

第六章 学习李芳同志先进事迹座谈会报告

"有妈妈的地方处处是阳光"

从小到大,妈妈对我来说,就像太阳,给我温暖;就像天使,伴我成长。送别妈妈已经十几天了,而我依然觉得她未曾离去,就像每个周一上班前的告别,就像每个周末又能回到这个温暖的家。直到现在,我还是习惯性地等她回来,虽然我知道再也等不到了。

"阳光,温暖,善良,负责",是对妈妈最贴切的形容。阳光和温暖是她与生俱来的性格,而善良和负责则是她为人处世的态度。妈妈特别开朗和乐观,待人亲和友善,暖暖的笑容是她的标志,所有见过她的人都会被她的笑容所打动。妈妈性格里也有孩子气的一面,也常常爱和我以姐妹相称,互相分享工作和生活中的点点滴滴。从小到大,妈妈一直教导我,要用包容开放的心态去面对生活,不要让一些负面情绪影响自己感受生活中的美好。没错,在妈妈眼中,生活永远充满惊喜和感动,偶有乌云,却遮不住灿烂的阳光和湛蓝的天空。

第六章 学习李芳同志先进事迹座谈会报告

▶ 李芳老师的女儿代雨辰

在我的童年记忆里，妈妈总是忙于工作，很多时候没时间照顾我。小时候，有一次我生病发高烧，爸爸在外地出差，妈妈又要去学校上课，无奈之下，只好把我放在诊所输液。临走时，我哭着抱住妈妈的腿，不让她离开，尽管心有不忍，但为了不耽误上课，妈妈不得不把我一个人留在了诊所。作为一名教师，她对岗位奉献了满腔热忱，真正做到了兢兢业业、大公无私。

妈妈在危急时刻能够做出舍己救人的举动，我想，是源于她内心深处的善良和对学生无私的关爱和责任，也是对"善良"和"负责"这两个词最好的诠释。作为女儿，妈妈的离去让我万分悲痛，可我依然为有这样的妈妈感到骄傲和自豪，因为我的妈妈是英雄！

妈妈爱花，今年母亲节，我送了她一束鲜花，但没想到这件小事却成了妈妈朋友圈的最后一条分享，她亲昵地称呼这束普通的鲜花为"小棉袄的礼物"。信息中,除了那束鲜花,还有妈妈选的一张图片,上面写着"有妈妈的地方处处是阳光,有妈妈的地方处处是温暖",这也是我心里最真实的感触。

"最美的妈妈"走了,但在我心里,她从未离开,她就像太阳,今后仍会照耀我,指引我;她就像天使,今后仍会一直陪伴我,呵护我,我并不孤单。妈妈走了,但我会更坚强,更成熟,更懂事,在妈妈的阳光下继续成长。

她给予同事的是春风化雨般的温暖

近段时间,"李芳"这个寻常的名字传遍了祖国大地,感动了大江南北。这个名字已深深地刻在中原大地上,刻在人们的心中。如同名字一般,李芳老师用近30年的辛勤耕耘,留下桃李芬芳。如今,任再多华丽的语言也无法称赞她的美,亦无法弥补我们的伤痛,我仍然无法面对和接受她已离开我们的事实。

在学校,李芳不仅是学生心中的好老师,还是好朋友、好妈妈,更是我们这些年轻教师的好导师。"非常敬业""与人为善""特别爱笑",一直是她留给我们最深刻的印象。阳光开朗的性格、善良真诚的秉性,让她乐于帮助身边的每一个人。记得有次看她改作业很辛苦,我就劝道:"李老师,您都快退休了,眼睛也老花了,还得戴眼镜改,何必这么认真?"可李老师却笑着说:"不行啊!他们的家长好多都在外地务工,跟着爷爷奶奶,也没人管他们的学习。本来他们一年级时底子

▶ 李芳生前同事、信阳市浉河区董家河镇绿之风希望小学教师杜丹丹

就不好,现在二年级了,我再不对他们要求严一点就晚了。咱们教师本来干的就是个良心活儿,得对得起自己的良心!"听了这番话,我竟羞愧得无言以对。李老师工作了这么多年依然兢兢业业,我又有什么理由不好好干呢!

生活中,李芳老师给同事带来的更是春风化雨般的温暖。她深知我们这些身在异乡的青年教师独自生活不易,便主动把自己宿舍的钥匙给了我们一把,让我们周末无聊时在她的宿舍里看电视,贴心地洗好水果放在桌子上让我们随便吃,生怕我们不好意思还骗我们说那些她都不爱吃。其实我们都知道,那是她每周来校时女儿特意为她准备的。她还经常从家里带来包好的饺子和新鲜的肉放进宿舍冰箱,让我们这些周末不回家的年轻人拿出来改善伙食。因为有她在,虽身在异乡,我们却感受到了家的温暖。

可如今,"想见音容空有泪,欲闻教诲杳无声"。李芳老师,我们想您,想您对我们青年教师的谆谆教诲,想您给予我们母爱般的关怀,想您对我们一点一滴的好。

李芳老师的微信名是"繁星点点",我想她的愿望一定是将自己变成一颗爱星,照亮整个夜空。我们也一定会在她引领的光明大道上继续努力拼搏,奋发向上,将"春蚕到死丝方尽"的奉献精神吸入肺腑、融入赤血,耕耘在教育事业这片热土上,把大爱进行到底。

您让我感受到妈妈的慈爱

六月的大别山,本是山花烂漫、骄阳似火,却因李芳老师去世的噩耗变得灰暗无比。刚听到这个消息时,我不敢相信,因为自李老师出事后,我一直都在祈求她能够尽快康复,祈求我们还能再听到、看到她的音容笑貌,甚至祈求她还能给我们讲讲课、聊聊天,我还想跟她说说自己的学习情况呢。后来,当消息得到证实,李老师真的离开了我们,我再也抑制不住内心的悲痛,趴在课桌上失声痛哭。

我曾是李芳老师的学生。在我的印象中,她是一位多么慈祥的老师啊! 我上小学时,家离学校很远,平时寄住亲戚家。我的亲戚是退休教师,和李老师同住教师家属院。每当生活和学习上遇到困难,我就去找李老师,李老师就像妈妈一样关心我的生活,指导我的学习,让我感受到家的温暖,感受到妈妈的慈爱!

我在上六年级时,有幸参加了由区教体局主办的讲故事比赛。李

▶ 李芳生前教过的学生彭靖祎,现就读于董家河镇中心校

老师当时是我的指导老师。当看到我在学校选拔赛上的表现时,她满意地笑了,笑中带着欣赏、欣慰。李老师的微笑也给了我无比的自信和勇气,我成功入选参加区里的比赛。指导期间,李老师每天中午都牺牲自己的休息时间,一遍一遍地听我朗诵,一句一句地给我纠正,每一个词语、每一个动作、每一个表情,李老师都要求得非常严。因为我经验不足,一些动作和表情总是不那么令人满意,李老师不厌其烦地为我指导示范。看到李老师因为我那么辛苦,我心中渐渐生出了一丝想放弃的念头。细心的李老师发现以后,温和地对我说:"婧祎,不要紧张,放松心情,我相信你的实力。"

我听到李老师的那些话语,瞬间觉得一股暖流涌上心头,泪花在眼中打转。我暗暗下定决心,一定要努力,决不能辜负李老师的期望和付出。在她的鼓励和自己的努力下,那次我取得了比赛一等奖的好成绩。

  如今,我已经是一名初中生了,学习很紧张,每当疲倦想松懈时,耳边就会响起李老师经常跟我说的一句话:"婧祎,只有从小好好学习,长大才能成为有用的人。"我便振作起来。每当课堂上开小差、注意力不集中时,眼前就会浮现李老师严厉的目光,我便立刻全神贯注地投入学习中。

  李老师,我真的好想您啊!

  李老师,您就这样走了,我想问您,您那柔弱的身躯怎么能挡得住飞车?在生死关头,您把生留给了您的学生,您用生命完成了最后一堂课。

  大别含翠,长淮有情。李老师您走了,但您的精神已化作丰碑,隐入青山,凝作雨露,汇入河流。您绽放的芳华,将如同璀璨的夏花,千古留香。

她给予同窗的是无微不至的关怀

2018年6月13日下午,从微信朋友圈惊闻李芳老师为救4名小学生而献出宝贵生命的噩耗,我非常悲痛,泪流不止。

李芳在信阳师范学校读书时,我曾担任她二年级的语文基础知识课老师,讲授语法、修辞、逻辑部分。6月15日,悲痛中的我找出了保存30年的成绩册,拍照发到朋友圈。李芳当时的成绩优异,全班第4名。我还含泪写下了几句话:当年优秀的学生,今天伟大的老师,英雄老师永垂不朽。

她心地善良,有大爱。上学期间,有同学生病、住院,李芳都会跑前跑后照顾。记忆中,他们入校不久,班内的一名男生就患了肾病。李芳和几个班干部又是号召同学们省吃俭用、筹款缴住院费,又是给大家排班轮流到医院帮忙。在那个同学住院的近两个月时间里,李芳还多次从学校附近的二姐家带来鸡汤、排骨汤为他增加营养。

▶ 李芳读师范时的老师熊可书,现为信阳职业技术学院教师

班里的同学绝大多数来自农村,家庭比较贫困,很少有零花钱,有的男生饭量大,每个月的饭票不够用,李芳就经常把自己省下来的饭票送给他们。

她尊敬老师。李芳和老师们的关系也很好,遇到老师总是先打招呼,喊声"老师好"。她还协助王沂洪、赵焕德两位班主任做了大量的班级管理工作。

她热爱集体。作为班级文艺委员,李芳经常教同学唱歌,定期组织文体活动,想办法出节目、排节目。学校经常举行运动会,因为很多同学不擅长运动,都不愿意参加,她积极做同学们的思想工作,组织报名训练,利用班费让同学们吃好、喝好,还组织了啦啦队。她教同学们讲普通话,每次教之前先备好课,根据各县的方言和每个人的特点,有针对性地辅导。在她和其他"推普"小组成员的共同帮助下,不到一年,班里大部分同学都能讲一口流利标准的普通话了。

她爱劳动。当时学校经常组织卫生大检查,卫生标准很高,校园各处几乎见不到瓜子壳和纸屑。李芳经常和同学们一起打扫卫生,开展自查,再迎接学校的检查。

她团结同学,和同学们关系很融洽。李芳平时严格要求自己,遇事先考虑别人,是个很有修养的孩子。当时住校,她们宿舍有 10 个人,从未发生过矛盾。她还和要好的同学姜素梅商量,把农村的同学分成两批,周末分别带回家改善生活。当时班里的很多同学都到李芳的二姐家里吃过饭。

一次心灵的洗礼

从事教育新闻工作13年,我采访过无数的人和事,但对李芳老师事迹的采访,却是我记忆最深也是感动最深的一次。

2018年6月13日中午,获悉李芳老师为救学生而英勇牺牲的消息后,报社高度重视,迅速安排我和同事赶赴信阳市浉河区董家河镇进行采访。很快,第一篇报道《李芳:以身挡车救学生》在《中国教育报》头版重要位置发出,教育部部长陈宝生当天看到报道后,当即在报纸上做出批示,称"李芳老师的事迹令人感动并万分痛惜",并委托教育部教师工作司相关负责人亲赴信阳慰问家属,表示关怀!

在接下来的几天里,我和我的同事一直坚守在董家河镇,全程跟踪采访,白天采访、晚上写稿、次日发稿,每天至少有一篇关于李芳老师事迹的动态新闻见报,4天发稿近两万字。《李芳:以身挡车救学生》《这爱,超越生命》《那是青春吐芳华》等一系列报道在《中国教育报》和

▶ 中国教育报河南站记者、教育时报记者张利军

《教育时报》先后刊发，并通过教育部官网、中国教育新闻网、中国教育报官方微信、教育部"微信教育"公众号、河南省教育厅官方微信、教育时报系列微信平台迅速传播，并被多家主流媒体转载或引用，引起强烈社会反响。

两周多的时间里，我三赴信阳采访，采访本记了 70 多页，共采写报道 15 篇，其中，《中国教育报》头版头条 2 篇，《教育时报》头版头条 3 篇。我一直在想，作为一名记者，采访好、报道好、宣传好李芳老师的先进事迹，就是致敬李芳老师的最好方式，就是向李芳老师学习的最好方式！

采访中，感动伴随始终，有三个细节不时在我脑海里浮现。

第一个细节是李芳老师当年的报考志愿书。她一生从容工作在山乡，专心做教师几十年，无怨无悔。她的同学曾问她："为什么不调回城里，与家人团聚？"她的回答直率："你骗我呀，这么好的董家河，你让我调回城里来，我的学生你管啊，我才不上当呢。"李芳老师直率的回答，让我不禁想到了她1986年7月23日报考信阳师范学校时，在定向志愿书上写的那句话："我自愿报考信阳师范学校，毕业后愿意到边、偏、远、穷山区任教，一定服从组织分配。"

李芳老师用一辈子的行动，为她的理想信念做了生动的注解。

第二个细节是李芳老师的"让"。她参加工作以来的22项荣誉都是在2010年之前获得的，近8年来学校曾多次给她荣誉，她坚决推辞说："农村教育需要年轻人，他们比我更需要这些激励。"李芳老师特别关心年轻教师的成长。担任班主任多年的她，近几年主动辞去班主任工作，不是因为怕辛苦，而是想给年轻教师更多锻炼的平台，自己则尽心协助，悉心传授经验。而这和她在学生时代的一些做法有着惊人的相似之处。记者在采访李芳老师信阳师范学校的同学时了解到，在学校时，评优秀班干部、三好学生，李芳也总是让给其他同学。一直作为班委的她，中间还主动向班主任提出辞去班委工作，为的是让那些内向、胆怯的同学多一些机会锻炼。虽然不担任班干部了，但她还总是主动热情地为班级出谋划策。

热心付出，但从不抢风头；淡泊名利，但从不消极懈怠。李芳老师用她的人格和师德魅力展现了她高尚的道德情操。

第三个细节是李老师的高跟鞋。董家河初级中学七(1)班的胡振东曾经是李芳老师的学生，采访中，他提到这么一个细节：李老师爱穿高跟鞋，但她中午到班里来从来不穿高跟鞋，因为怕影响孩子们午休。一个初一的孩子，对老师的爱是多么敏感！李芳老师对学生有一颗慈母般的仁爱之心,爱学生胜于爱自己,她把自己的情感倾注到每一个学生身上,才催生了感动世人的壮举。

伟大的一瞬,背后是 29 年不忘初心的平凡坚守;伟大的一瞬,又是李芳老师闪光一生的凝聚。

对李芳老师先进事迹的采访,既是感受英雄成长的过程,也是收获感动的过程,更是心灵接受洗礼的过程。通过采访,我从一名普普通通的乡村教师身上,看到了许多可贵的东西、许多闪光的东西、许多催人奋进而又受益终生的东西。正如采访中她的同学说的那样:不管李芳有没有英勇救学生这个壮举,她都是我们的骄傲。

李芳老师是伟大的,又是平凡的。她爱美,追求美,热爱教育也热爱生活。在我们的众多学校,在我们的广阔乡村,像李芳一样的老师有很多。这些年,我们《教育时报》也特别注重发现和挖掘这些优秀老师的先进事迹,宣传和弘扬他们的高尚师德,对重大典型的宣传从来不惜版面、不遗余力,推出了一大批优秀教师典型,如中国版的乡村女教师、全国教书育人楷模王生英,践行焦裕禄精神的好校长张伟,等等。弘扬主旋律,传播正能量。不断让我们教育系统的正能量持续传承下去,让社会更多地关注我们的老师,支持我们的教育,也是我们教育媒体人的责任。

作为一名教育媒体记者,我将在今后的工作中,以李芳老师为榜样,不忘初心,牢记使命,写好每一篇报道,积极为教育改革发展鼓与呼,努力做一名有理想信念、有道德情操、有扎实专业学识、有责任感使命感的"四有"好记者。

谢谢您用生命守护了我的孩子

人们都说师恩如山,因为高山巍峨,使人崇敬。可师恩对于我和我的家人来说,比山还高,比天还大。因为在生死关头,一位老师把生的希望留给了我们的孩子,把死的危险留给了自己。她用自己柔弱的身躯,用自己宝贵的生命,诠释了师者的担当。

我怎么能忘记,2018年6月11日,尊敬的李芳老师为了救护我们的孩子,被一辆失控的三轮摩托车严重撞击,昏迷不醒,虽经多方抢救却还是不幸离世。而我的孩子和其他3名孩子因受到李老师的保护受伤较轻,现身体状况良好。

我的孩子在董家河镇绿之风希望小学三年级一班就读,并不是李老师班里的学生,她在危难时刻的奋力一扑,让我知道,李老师一定是一位好老师。

后来,我才慢慢了解到,李老师在学校、在学生心目中,是多么敬

▶ 李芳所救学生张润泽的家长张建

业、多么仁爱的一位教师。她非常注重对学生的养成教育,细心培养学生良好的行为习惯,经常给家庭困难的学生买学习用品,买衣服。她用自己的言行感染学生,教他们从小要有爱心、孝心,要团结同学、乐于助人……李老师,很遗憾,我不曾听过您的课,但您用生命为我上了一堂珍贵的课。只可惜,那是您的最后一课。我要以您为榜样,教育好自己的孩子,让他们踏着您的足迹好好学习、好好做人,让他们学会感恩,将来更好地报效社会、报效祖国。

李老师,谢谢您用生命守护了我们的孩子。孩子说,长大后要成为像您一样的老师。李老师,我和孩子会永远记得您的奉献与付出。

她用生命诠释了"师者父母心"

我在河南省第二实验中学工作将近 20 年,熟悉和接触过很多爱生如子、勤奋工作的教师,而李芳老师更是这个群体中的杰出代表。面对疾驰的车轮,她毫不犹豫地用血肉之躯为孩子们筑起了生命的屏障,用生命回答了一名优秀教师在生死关头的本能选择。

2015 年以来,我校开始承担省教育厅的"乡村教师访名校"国培计划和驻马店泌阳的对口帮扶工作。三年来,我校累计培训了近千名农村特岗教师和泌阳的乡村教师,也正是这些培训和帮扶工作让我有机会接触到了乡村教师这个群体。其实,他们中的很多人也和李芳老师一样,不忘教育初心,扎根农村教育,默默奉献,撑起了一个个农村家庭的希望和未来。在承担国培和帮扶工作中,通过和她们的近距离接触和交流,他们的工作状况和教育情怀对我们这些城

▶ 河南省第二实验中学校长、党总支书记罗敏

市教育工作者也起着感召和激励的作用。

就在2018年6月24日下午2:30,我校召开了上一学年的最后一次全体教职工大会。这次会议的第一个议程就是传达《中共河南省委高校工委 中共河南省教育厅党组 关于开展向李芳同志学习活动的通知》精神,落实文件要求,并对我校下一阶段的学习教育活动和师德建设工作进行总体部署。

最好的纪念就是传承。所以,我校目前开展的学习李芳宣传教育活动,核心任务就是要把她那种"舍己救人、见义勇为的献身精神""对党忠诚、矢志不渝的理想信念""恪尽职守、无私奉献的道德情操""爱岗敬业、精益求精的职业操守"和"爱生如子、倾心育人的大爱情怀"传承和发扬下去。我校希望通过本次宣传教育活动,引导广大教师敬业修德,努力成为"四有"好教师和"四个引路人"的标杆示范。

在接下来的师德建设工作中,我校要健全长效机制、创新师德培养、强化师德考评、完善师德监督,把提高教师的思想政治素质和职业道德水平摆在首要位置,把社会主义核心价值观贯穿教书育人的全过程,突出全员、全方位、全过程师德养成,优化顶层设计,抓住关键环节,进一步推动师德建设的实践提升和经验提炼。特别是在近阶段,不仅要引导全体教师以德立身、以德立学、以德施教、以德育德,更要将师德师风建设与"两学一做"学习教育常态化制度化和"不忘初心、牢记使命"等主题教育活动融会贯通起来,并着力从以下方面推进工作。

加强理想信念教育。通过组织学习习近平新时代中国特色社会主义思想,将全面从严治党要求落实到每一名党员教师,引导广大教师树立正确的历史观、民族观、国家观、文化观,增强价值判断和价值选择,坚定扎根教育的决心,增强做好教育的信心。

尽快建立健全"双培养"机制。加强教师培养和党员培养工作的融合,把骨干教师培养成党员,把党员教师培养成教学、科研及管理骨干,充分发挥党员及骨干教师的示范引领作用。

尽快启动"双带头人"培育工程。选优配强教师党支部书记,选拔培养党性强、业务精、有威信、肯奉献的优秀党员教师担任党支部书记,充分发挥党员干部的先锋模范作用和党支部的战斗堡垒作用。

李芳老师是我省广大教育工作者的杰出代表,她用生命诠释了"师者父母心"的最高境界,用鲜血展示了一名优秀教师的情怀和一名优秀共产党员的选择。在今后的工作中,我们要不断汲取榜样的力量,努力让教育的芳华润泽更多的生命、更多的家庭。

女本柔弱,为师则刚

李芳这个名字很普通,也很平凡。在我们的生活中,有很多叫李芳的同学、朋友、邻居……但6月中旬刷屏朋友圈和被各大媒体争相报道的这个李芳,让我肃然起敬、泪流不止!

看到李芳老师的事迹时,我无比心痛,眼泪止不住一次次淌下来。一位心中有爱、心中装满学生的好老师,就这样离开了我们的队伍。我的泪水中充满敬佩,敬佩李老师面对毫无刹车迹象的三轮摩托车,本能地推开自己的学生,而她却倒下了,离开了奋斗29年的讲台。我能明白她那一刻的心境,她把职业当成了事业,并且有了自己对教育事业的信仰。

是什么力量让一名普通的乡村女教师在千钧一发的时刻,舍身保护学生?我想,是爱!是责任!是师德!

女本柔弱,为师则刚。

▶ 2017"河南最美教师"、濮阳市第三中学教师王彩琴

她是一位真正的老师、一位真正的共产党员。从多方报道中,我也了解到她是一个善良的老师,始终对三尺讲台不离不弃,坚持做一个老师该做的点点滴滴,倾心教育一代又一代学子。

我们的教师队伍中,有无数个像李芳这样默默无闻、爱岗敬业、爱生如子的老师,也正是因为有这样的老师,我们今天的教育事业才变得如此辉煌伟大。

李芳老师的离去让我们难过,也令我们痛惜,但她的精神、她的壮举却永远留在天空中,变成了一抹最美的红霞。

李芳老师保持着对教育事业的忠诚,不忘教书育人的初心,始终坚守在偏僻农村的一个普通小学,她的境界让那些追名逐利的世俗之人汗颜。她身上那种默默付出不问名利的"老黄牛"精神,不正是我们这个时代所稀缺的吗?我想,李芳老师即使没有以身挡车的壮举,单凭她对教育的坚守和执着,依然可以被称为英雄。

　　李芳老师心怀大爱,临危不惧,舍己救人,用生命为学生上好最后一堂课,让崇高的师德和不朽的师魂熠熠生辉,塑造了新时代人民教师的师魂。作为李芳老师战友的我们,应学习她心怀大爱、无私奉献的至诚情怀,学习她为人师表、行为世范的品格风范,学习她奋不顾身、舍己救人的大爱精神,以更加昂扬的精神状态和务实的工作作风,争做党和人民满意的"四有"好老师。

教育是理想主义者的事业

前段时间看到了关于李芳老师的事迹报道,我想到的第一句话就是:教育是理想主义者的事业。

从最初舍己救人的报道,到后来更多的深入报道,一个立体的李芳老师的形象呈现在我的面前:一个慈爱的母亲,一位有亲和力的老师,一位让人如沐春风的同事,一位农村教育的坚守者。我才明白,原来她是那么让人钦佩。

李芳老师无论在求学还是从教过程中,一直都表现得很优秀,由此也给她带来了很多机遇。但是,她不为外物所动,一心扑在农村教育战线上。面对数次工作调动的机会,她都一笑拒之,可见她内心的坦然与对农村教育事业的热爱。她这种淡泊名利、安贫乐道的精神也为我们这一代乡村青年教师树立了良好的榜样!

回想起那句"教育是理想主义者的事业",李芳老师做到了!她没

▶ 2018"河南最美教师"候选人、封丘县潘店镇大辛庄小学特岗教师任明杰

有把"教师"这个工作仅仅作为自己的工作,而是当成了自己的事业来做,而且她将这个事业做成了自己理想的事业。

我想,在李芳老师的心中,她是这样想的:我不再求取回报,只是去爱;不再渴望成功,只是去做。我和李芳老师同为二年级老师,深知低年级教育的不易,尤其是在农村。学生们那一句希望能有一个"一模一样的李老师"来给他们上课,说明李老师收服了孩子们的心。而且在处理好师生关系的同时,她还特别注重和家长之间的沟通协调,积极处理问题,改善家校关系,做一个有担当、有责任的老师。这给了我特别大的震撼。李芳老师将"教师"这个词做到了极致,达到了常人难以企及的高度。

我作为一名乡村青年教师,看到李芳老师的事迹后,深感自身还有很多不足。我要不断提升自己的教育教学水平,像李老师那样,做一个学生喜爱、家长信任、同事喜欢的老师。我要耐心地辅导学生,积极地和家长沟通。我要继续坚守农村教育,静下心来教书,潜下心来育人。在封丘这个国家扶贫开发工作重点县,给农村留守儿童更多关爱,给单亲家庭孩子更多资助,我会尽自己最大努力为乡村偏远地区送去高质量的教育,为农村教育事业贡献自己的绵薄之力。

统筹协调,让李芳精神永驻人间

为切实做好李芳同志先进事迹的挖掘、学习、宣传工作,信阳市教育局高度重视、精心组织,在全市掀起了学习李芳先进事迹、争做"四有"好教师的热潮。

目前全市开展学习宣传活动的情况如下。

做好各项荣誉追授工作。各级组织通过追授荣誉称号的方式褒扬李芳同志的崇高精神,信阳市教育局积极准备材料,全力做好配合工作。中共信阳市委追授李芳同志"全市优秀共产党员"称号,信阳市政府追授李芳同志"信阳市优秀教师"称号,省妇联追授李芳同志"河南省三八红旗手"。2018年6月19日,省总工会做出《关于追授李芳同志河南省五一劳动奖章的决定》。6月20日,教育部做出《关于追授李芳同志"全国优秀教师"荣誉称号的决定》。6月21日,省人力资源和社会保障厅、省教育厅做出《关于追授李芳同志"河南省优秀教师"

▶ 信阳市教育局局长苏锡凌

的决定》。6月30日,中共河南省委追授李芳同志"河南省优秀共产党员"称号。

配合媒体做好事迹宣传工作。李芳同志先进事迹经中央电视台、《人民日报》和《中国教育报》等媒体报道后,在社会各界引起强烈反响。为继续深入挖掘李芳老师事迹,我们持续推出了《爱的星空,繁星点点》等李芳事迹系列报道,尤其是《李芳女儿写给天堂妈妈的一封信》,留言不计其数,感人至深,让人潸然泪下。

抓好教育系统学习教育活动。2018年6月15日,信阳市教育局做出开展向李芳同志学习活动的决定。连日来,信阳市教育系统认真落实教育部党组、省教育厅党组和信阳市教育局党组的决定,开展向李芳同志学习活动。各地各学校通过演讲比赛、诗朗诵、文艺作品创作等多种形式,学习弘扬李芳同志精神,争做"四有"好老师。

下一步，信阳市教育局将持续开展好学习宣传活动。目前，信阳市教育局正在组建李芳同志事迹巡回报告团，组织撰写事迹材料，从7月下旬开始，在全市开展巡回宣讲活动。此外，继续抓好教育系统学习宣传活动，充分利用报刊、电视、微博、微信等宣传阵地，通过讨论、座谈、征文等多种形式，进一步弘扬李芳同志的先进事迹。

以李芳为榜样,深入推进师德建设

近段时间,郑州大学广大师生通过各种媒体认真学习了李芳同志的先进事迹,受到了深刻的教育。

面对失控车辆,李芳同志选择用自己的血肉之躯为学生筑起一道安全屏障,塑造了新时代共产党员和人民教师的光辉形象……李芳同志的先进事迹感人至深,对各级各类学校全面加强师德师风建设,引导广大教师立足岗位、敬业奉献、扎实工作,争当党和人民满意的好老师,办好人民满意的教育,具有十分重要的意义。

郑州大学在一流大学建设的进程中,需要更多像李芳这样始终把学生放在心上、放在第一位的好老师。下一步,我们将把推进师德师风建设贯穿一流大学建设的全过程,引导广大教师立足自身岗位,全面深入学习李芳老师的先进事迹,完成塑造灵魂、塑造生命、塑造新人的时代重任。

▶ 郑州大学党委副书记李兴成

加强思想引领，进一步坚定广大教师的理想信念。李芳同志作为一名教师党员，始终不忘初心、牢记使命，对党的教育事业满腔热忱，危难关头用自己的实际行动兑现了入党誓言，是我们党员干部和广大教师学习的榜样。郑州大学将进一步加强教师党支部和党员队伍建设，充分发挥党员教师的先锋模范作用，开展"不忘初心、牢记使命"主题教育，引导党员教师不断增强"四个意识"，争做"四有"好教师。

加强师德教育，进一步强化广大教师的职业操守。李芳同志勤勉敬业、无私奉献，舍生忘死、爱护学生，展现了一名人民教师德高为师、身正为范的光辉形象。郑州大学将广泛开展师德师风专题教育，继续办好立德树人导师学校、新入职教师宣誓仪式、教师荣休仪式等，坚持开展师德主题演讲比赛和征文活动，引导广大教师以德立身、以德立学、以德施教，以高尚师德、人格魅力和学识风范来感染学生、教育学生。

　　加强能力建设，进一步提升广大教师的育人本领。李芳同志功底扎实，业务精湛，在平凡的岗位上创造了不平凡的业绩。郑州大学将通过开展教学技能大赛、组织教改项目研究和集体备课、坚持和完善班主任制度等举措，建立完善的传帮带学习交流机制，促进广大教师深刻领会现代教育思想和教育理念，当好学生健康成长的指导者和引路人。

学习李芳精神,筑牢师德根基

2015年12月,李芳老师参加了河南师范大学承担的"国培计划"培训班。开班前两天,她刚做完手术,医生要求她卧床休息,但她十分珍惜学习机会,忍着病痛,全身心投入学习中。令人痛惜的是,时隔两年多,李芳老师因挺身挡车救学生英勇牺牲,永远离开了我们。

李芳老师的感人事迹经媒体报道后,我校师生通过多种形式向她学习、致敬。2018年6月21日,学校派专人赶赴她生前任教的学校,收集素材,连夜制作了原创音乐短片《芬芳》。短片播出后,在全校引起热议,感人的歌词和旋律在师生间广泛流传。

河南师范大学是李芳老师曾经学习、结缘的地方,我们在痛惜的同时,也在思考如何继续加强师德建设,培养更多的"四有"好老师。

把立德树人根本任务作为师范生培养的政治工程。我们将全面实施思想政治工作"双提"计划,通过构建"四梁八柱"式的一体化育

▶ 河南师范大学党委书记赵国祥

人体系,着力提高思想政治工作质量和效果,不断推进立德树人的根本任务贯彻落实。

把教师的师德建设作为师范生培养的领航工程。为加强教师思想政治教育工作,激励众多师生向模范教师学习、献身教育事业,我们通过开展"校园十大育人楷模""师大好人"等评选活动,挖掘一批先进集体和个人,通过身边的典型影响教育师生,形成了广大师生扎根教育、崇尚师德的良好氛围。

把师德建设作为师范生培养的基础工程。我校通过举办"学在师大、心系国家"学风建设年活动、校园之星评选、忠信德育奖学金评选等品牌活动,树立学生身边的榜样,用身边的典型教育影响身边的学生,提炼升华学校的优良校风、学风。

把载体建设作为师范生师德建设的创新工程。进入新时代,师范生培养必须紧跟时代步伐,我们探索形成了课堂叙事性教学、基地体验式教学、平台情景式教学三者相互渗透、有机融合、功能互补的立体化实践教学模式,大大提高了思想政治理论课的感染力和实效性。把新媒体平台作为师德师风建设的重要平台,不断推动师德建设入脑入心。

　　李芳老师走了,她的精神化作了丰碑。我们亦将不忘精育良才、教育报国的初心,牢记立德树人的根本使命,不断加强师德师风建设,提高教师队伍和人才培养质量,为社会培养更多的"大国良师"。

苏锡凌局长在学习李芳同志先进事迹座谈会上的讲话

生如夏花之芬芳,逝如秋叶之静美。

2018年6月11日,浉河区董家河镇绿之风希望小学的李芳老师,面对闯红灯飞驰而来的三轮摩托车,用血肉之躯守护住学生,自己却再也没能醒来。李芳老师走了,在"太阳底下最光辉的事业"里,站好了生命"最后一班岗",完成了人生"最后一堂课"。

李芳老师是平凡的,李芳老师又是伟大的。在生与死的刹那间,在己与人的抉择前,李芳老师毫不犹豫地挺身而出,用一己之躯托起千钧重负,呵护了四名学生的岁月静好。在那一刻,学生就是她苗圃中要浇灌的幼禾,就是她羽翼下要呵护的雏鹰。她的英雄壮举闪烁着爱生如子的师德光辉,诠释了"学为人师,行为世范"的新时代人民教师的光辉形象。

不是只有舍己救人才是英雄,也不是只有以身殉职才被讴歌,只要尽职尽责,不负"人类灵魂的工程师"这一称号,就值得赞美。习近平总书记曾深情地说:"我看了不少优秀教师的事迹,很多老师一生中忘了自己,把全部身心扑在学生身上。有的老师把自己有限的工资用来资助贫困学生,深恐学生失学;有的老师把自己的收入用来购买教学用具;有的老师背着学生上学,牵着学生的手过急流、走险路;有的老师拖着残疾之躯坚守在岗位上。很多事迹感人至深、催人泪下。"这样的老师就是好老师,这样的老师就是师德楷模。

"三寸粉笔,三尺讲台系国运;一颗丹心,一生秉烛铸民魂"。实现中华民族伟大复兴的中国梦,教师是"梦之队"的筑梦人。作为教师,要有理想信念,自觉增强立德树人、教书育人的荣誉感和责任感;要有道德情操,率先垂范、以身作则,做学生健康成长的指导者和引路人;要有扎实学识,坚持学习、勇于创新,做学生知识的传授者和学习的引导者;要有仁爱之心,关心学生、爱护学生。李芳老师用"捧着一颗心来,不带半根草去"的言传身教践行了"四有"好老师的深刻内涵。

"国将兴,必贵师而重傅"。善待老师,礼遇老师,让"李芳"们获得应有的尊崇,这是我们的责任。我们在洒泪挥别李芳这位人民的好教师的同时,更应学习她临危不惧、舍己救人的牺牲精神,学习她任劳任怨、无私奉献的职业操守,学习她爱生如子、情暖万家的大爱情怀,学习她兢兢业业、开拓进取的工作作风,在平凡的岗位上贡献出自己的光和热。

多年来,全市广大教师和教育工作者认真贯彻党的教育方针和市委、市政府坚持教育优先发展的决策部署,爱岗敬业、无私奉献,呕心沥血、孜孜不倦,奋发进取、潜心育人,为办好人民满意的教育做出了突出贡献。

坚实的脚步最动人,奉献的人生最精彩。当前,我市各项教育改革发展任务重、困难多、挑战大,需要千万个"李芳"扛起负重奋斗的旗帜,需要锻造出更多的不忘初心、牢记使命的"李芳",奋力拼搏、苦干实干,用一个个出彩汇聚成"多彩",用一步步出彩凝聚成"浓彩",努力为信阳教育更加出彩增光添彩。

桃李不言,难遮师恩如海;万人挥泪,感恩爱生如子。

收集、整理、编撰《红烛之芳——记一位人民教师的壮美人生》,旨在更好地纪念英雄李芳老师,追忆她的音容笑貌,聆听她的铮铮誓言,感悟她那义无反顾的"最后一课",让更多的"李芳"式好老师用爱心、用大义去谱写信阳教育更加出彩的篇章。

斯人已逝,芳华永驻。

我们不必时时吟诵"春蚕丝尽",不必处处高歌"蜡炬成灰",只需让我们的英雄精神不断发扬传承,让我们永远铭记6月11日的那个下午,永远铭记有位英雄叫李芳,从心灵深处向师者致敬——这不仅是尊师重道,更是尊重未来!

郑邦山厅长在学习李芳同志先进事迹座谈会上的讲话

同志们：

今天，我们在这里召开学习李芳老师先进事迹座谈会，深切缅怀李芳同志，认真学习宣传她的感人事迹和高尚师德。刚才，与会的同志们结合自身工作实际，畅谈了学习李芳同志先进事迹的体会，谈得都很好。有些同志曾与李芳同志共事或有多年交往，讲得具体、感人，令人动容，我们听了很受感动，很受教育。大家的发言，让我们充分感受到了一位优秀人民教师的高尚师德、一个优秀共产党员的教育情怀，李芳老师是我们学习的楷模。结合大家的发言，我谈三点意见。

▶ 时任河南省委高校工委专职副书记、省教育厅党组副书记郑邦山，现任河南省教育厅党组书记、厅长

一、李芳同志是中原先进群体的杰出代表，是河南奋进崛起新时代的宝贵精神财富

长期以来，我省广大教师自觉贯彻党的教育方针，认真做好本职工作，教书育人，为人师表，默默耕耘，无私奉献，为教育事业的改革发展和现代化建设做出了重要贡献，涌现了一大批优秀教师典型，在全社会树立了人民教师的崇高形象，赢得了全社会的广泛赞誉和普遍尊重。李芳老师是全省教育系统涌现的又一个先进典型，是新时期人民教师的优秀代表。她的先进事迹感人肺腑、催人泪下，不仅在教育系统，而且在全省、全国引起了强烈反响。李芳同志作为一名共产党员和人民教师，始终饱含着对党的教育事业的满腔热忱，29年坚守乡村教育一线，在平凡的岗位上做出了不平凡的业绩，

用自己的英雄壮举交出了感人至深的人生答卷,不愧为新时代优秀共产党员的杰出代表,不愧为"四有"好老师的先锋模范。李芳老师的感人事迹在全社会产生了强烈反响,省委省政府和教育部高度重视,省委书记王国生、省长陈润儿、省委宣传部部长赵素萍、省委组织部部长孔昌生、省委秘书长穆为民、省人大常委会副主任乔新江、省政府副省长霍金花和教育部部长陈宝生、副部长孙尧等领导先后多次做出批示,要求深入挖掘先进事迹,加大宣传,充分展现新时代河南好形象,形成广泛影响,引领社会风尚。

教育部和我省分别追授李芳同志为"全国优秀教师""河南省优秀教师",并在教育系统开展向李芳同志学习的活动。在建党97周年之际,中共河南省委追授李芳同志"河南省优秀共产党员"称号,并决定在全省党员干部中开展向李芳同志学习活动。李芳同志还被追授"河南省五一劳动奖章""河南省三八红旗手"等荣誉,这是对李芳同志先进事迹和崇高精神的充分肯定,是对全省教育系统广大党员干部和教师们的巨大鼓舞和鞭策。

中原地区是中华文明的重要发祥地,愚公移山精神、红旗渠精神、焦裕禄精神等中原文化对中华优秀传统文化的传承发展产生了深远的影响。多年来,中原大地更是孕育出了一批又一批先进典型,有县委书记的好榜样焦裕禄,德艺双馨的人民艺术家常香玉,农村致富的领头人史来贺,立警为公、执法为民的任长霞,自强不息的洪战辉,排爆专家王百姓等。他们在不同历史时期、不同工作岗位,创造了光辉业绩,留下了宝贵的精神财富,用生命铸就了以"吃苦耐劳、见义勇为、忠诚爱国、爱岗敬业、勇担责任"为主要内容的"中原精神"。

李芳同志的光辉一生,充分彰显了"孝悌立家、勤俭持家、修身兴家、和睦旺家"的高尚情操,展示了爱生如子、倾心育人、孜孜不倦的师德风范,同样映照了"中原精神"的实质内涵。从教29年来,她从未向组织提任何条件,一心扎根基层求奉献,生动体现了不忘初心、对党忠诚的坚定信念;她爱岗敬业、默默耕耘,多次放弃调回市区工作的机会,主动承担起学校新老教师传帮带的重任,充分体现了她胸怀全局、团结奋进的高贵品质;危难之际,她挺身而出,用生死抉择彰显了勇于担责、担难、担险的崇高境界,李芳同志不愧为新时代传承弘扬"中原精神"的杰出代表。

二、深入贯彻落实省委决定,扎实开展向李芳同志学习活动

当前,我省正处在决胜全面建成小康社会、开启全面建设社会主义现代化新征程的关键时期。刚刚闭幕的省委十届六次全会暨省委工作会议精神,发出了"肩负起新时代中原更加出彩的历史使命"的号召,每一个河南人,每一个在这片热土生活和工作的人,都要把"让中原更加出彩"的奋斗目标、添彩中原、多做贡献紧密联系起来,树立起强烈的争先进位的添彩意识,涵养献身河南的精神境界,汇聚起奋进新时代的磅礴力量。在全省党员干部中开展向李芳同志学习活动,对于激励引导广大党员干部进一步把思想和行动统一到习近平新时代中国特色社会主义思想和党的十九大精神上来,不忘初心、牢记使命,见贤思齐,锐意进取,努力创造无愧于时代、无愧于人民、无愧于历史的业绩,具有十分重要的意义。我们开展向李芳同志学习活动,就是要从英雄的精神中汲取精神力量,并转化为推动各项事业发展的强大动力。我们要学习李芳同志不忘初心、对党忠诚的政治品格,争做信念坚定的优秀共产党员。李芳同志坚持把对党的忠诚和热爱、对理想信念的执着与坚守作为最重要的人生信条,始终以党员的标准严格要求自己,自觉履行党章要求,始终信党、爱党、跟党走,信念坚定,毫不动摇,展现了一名共产党员不忘初心、对党忠诚的政治品格。李芳同志始终坚守在乡村一线,把毕生的精力奉献给了党和人民的事业。我们要以李芳同志为榜样,坚定理想信念,牢记入党誓词,始终把党和人民的事业放在最高位置,时刻不忘初心,始终牢记全心全意为人民服务的宗旨,切实履行党员义务,忠于职责使命,永葆共产党人的政治本色,真正成为一名不怕吃苦、甘于奉献的优秀共产党员。

我们要学习李芳同志扎根基层、无私奉献的高尚情操,争做倾心育人、师德高尚的"四有"教师。李芳同志多次放弃调回市区工作的机会,一心扎根基层,一干就是近30年。她把教书育人作为自己的毕生追求,对工作精益求精,心里始终装着学生,在平凡岗位上做出了不平凡的业绩。我们要以李芳同志为榜样,立足岗位,坚守一线,恪尽职守,主动作为,勤勉敬业,树德立行,身正为范,在各自的岗位上努力创造出无愧于时代、无愧于人民的业绩。

我们要学习李芳同志临危不惧、敢于担险的牺牲精神,争做愿为党和人民牺牲一切的实践者。敢于牺牲是共产党人的政治本色。李芳同志用自己的实际行动,践行了"随时为党和人民牺牲一切"的入党誓言,展现了一名共产党员英勇无畏的责任担当和敢于牺牲的崇高品质。我们要以李芳同志为榜样，始终坚持人民的利益高于一切，敢于担责、敢于担难、敢于担险，尤其是在关键时刻和危急关头，能够豁得出来、冲得上去，英勇斗争，不怕牺牲，为党和人民的事业牺牲一切。

三、通过多层次、立体化的持续宣传，切实发挥先进典型的精神感召力

为切实发挥先进典型的精神感召力，我们将通过多层次、立体化的持续宣传，让李芳老师成为教育系统落实习近平总书记关于建设政治素质过硬、业务能力精湛、育人水平高超的高素质教师队伍重要指示的集中体现，成为广大教师及社会各界学习宣传的榜样和楷模。引导广大师生和教育工作者向李芳同志看齐，不忘教书育人初心，把对学生的爱倾注到教育教学的方方面面，做学生的"四个引路人"。要让全社会广泛了解教师工作的重要性和特殊性，营造尊师重教的浓厚氛围，全面推进教师队伍建设。

省教育厅将围绕李芳同志先进事迹，开展"十个一"系列活动，即在全省教育系统组织开展一项学习活动，组织召开一次先进事迹座谈会，创作编排一部情景剧并在教师节颁奖典礼上演出，举办一次学习李芳同志事迹作品展览会，组织先进事迹报告团赴全省开展一轮巡回报告，出版一部事迹读本，开展一次歌咏比赛、一次诗歌创作朗诵比赛，以李芳老师为原型创作一部舞台剧，拍摄一部反映当代人民教师立德树人、心怀大爱、潜心育人可贵品质的影视作品。

同志们,李芳老师虽然已经离开了我们,但她给我们留下了宝贵的精神财富,她的精神永远活在大家心中。我们为失去这样的好同志感到无比痛心,我们为有这样的好教师感到无比骄傲。对李芳同志的最好纪念就是认真学习她的先进事迹,以她为榜样,立足岗位,敬业奉献,扎实工作,推动我省教育事业科学发展,努力办好人民满意的教育!

各地、各校贯彻落实好向李芳同志学习的活动,首先,要在思想上高度重视。要充分认识学习活动的重要意义,严格按照省委的要求,把开展向李芳同志学习活动作为推进"两学一做"学习教育常态化、制度化的重要内容融入将要开展的"不忘初心、牢记使命"主题教育,迅速在全省教育系统掀起学习热潮。其次,要在宣传上营造浓厚氛围。要充分利用各种宣传手段,通过组织形式多样的学习活动,大力宣传以李芳同志为代表的优秀教师的先进事迹,弘扬新时期人民教师的高尚师德,进一步在全社会营造尊师重教的良好氛围。第三,要在学习上深入推进。把学习李芳同志的先进事迹和崇高精神,与学习贯彻习近平新时代中国特色社会主义思想和党的十九大精神结合起来,与贯彻落实党中央、国务院《全面深化新时代教师队伍建设改革的意见》精神结合起来,与加强师德师风建设、培养高素质专业化教师队伍结合起来,与教育改革发展和日常教育教学活动结合起来,统筹安排,扎实推进,切实把向李芳同志学习活动引向深入。第四,要在实效上下功夫。要通过开展学习活动,引导和激励广大党员干部、广大教师充分认识自己所承担的庄严而神圣的使命,深入落实立德树人根本任务,着力培养德智体美全面发展的社会主义建设者和接班人，为加快教育现代化，办好人民满意的教育，决胜全面建成小康社会，谱写新时代中原更加出彩新篇章做出新的更大贡献。

附录　李芳同志生平

　　李芳,女,汉族,1969年5月出生于原信阳县董家河乡谢畈村一个普通的农民家庭。1985年加入中国共产主义青年团,1989年9月参加工作,1998年3月加入中国共产党。

　　2018年6月11日,李芳同志为救护学生被三轮摩托车严重撞击,经抢救无效于6月13日凌晨不幸因公殉职,生前系信阳市董家河镇绿之风希望小学二(3)班语文教师。

　　1977年9月至1982年7月,李芳在谢畈村小读书,她珍惜来之不易的学习机会,刻苦读书,成绩一直名列前茅。1982年9月,李芳考入董家河乡中学就读。那时还没有普及义务教育,山村人家基本上都很清贫,女孩子能进入初中读书已很不易。李芳之所以没有辍学,一是学习拔尖,二是有当民办教师的哥哥资助。

　　穷人的孩子早当家,李芳坚强自立,发奋苦读,在班里成绩一直很突出。为了给家庭减轻负担,李芳在报考时,选择了师范院校。1986年7月23日,李芳在报考定向志愿保证书上写道:"我自愿报考信阳师范学校,毕业后愿意到边、偏、远、穷山区任教,一定服从组织分配。"1986年9月,李芳顺利考入信阳师范学校。在校期间,李芳的成绩一直十分优异,是同学们的榜样。刚入校不久,因为李芳表现突出,集体荣誉感强,班主任王沂洪老师就将班级文艺活动和推广普通话活动的重任交给了她。李芳性格开朗,热情大方,乐于助人,为住院的同学忙前忙后,省下饭票送给其他困难学生……像这样帮助同学的事情,李芳做的太多太多了。

1989年7月,李芳顺利毕业,被分配至董家河最偏远的黄龙寺小学任教。在这个不通车、不通电的地方工作了一年之后,她被调到董家河乡中心小学教书。1998年3月,李芳同志加入中国共产党,成为一名光荣的共产党员。在入党志愿书上,李芳深情地写道:"早日加入中国共产党这个光荣而又神圣的组织,是我毕生的追求和向往。"在接受上级党组织对入党申请人的谈话时,李芳说:"加入中国共产党是我的心愿。我愿在党的领导下,革命不止,战斗不息,做一名合格的共产党员。"

2005年9月至2008年8月,李芳服从组织安排回到董家河镇谢畈小学任教。谢畈小学撤校后,李芳2008年9月至2015年8月又调任至董家河镇中心学校六年级教书。2015年9月,李芳回到董家河镇绿之风希望小学任教,直至因公殉职。

在扎根山村、坚守教育一线的近30年里,李芳老师工作上尽职尽责、精益求精,爱护学生,团结同事,教育经验丰富,教学成果显著,先后荣获优秀班主任、教学能手、优秀辅导员等校、乡、区、市级荣誉22项。她工作过的黄龙寺小学、谢畈小学,都是偏远的村级小学,即便是后来工作的绿之风希望小学,学生也大多来自周边偏远山村,很多还是留守儿童。对这些山区孩子,李芳老师倾注了自己全部的爱,她深知,要改变这些山里娃的命运,必须让他们受到良好的教育。她是学生心中的好老师、老师心中的好同事。在生活上,李芳老师用温情营造和睦家庭,是丈夫心中的好妻子、女儿心中的好妈妈、老人心中的好儿媳。

自 2018 年 6 月 13 日李芳同志舍己救人、以身殉职以来,教育部和省、市、区领导高度重视李芳同志先进事迹的宣传和英雄荣誉追授工作。教育部部长陈宝生同志专门做出批示,并派教师工作司负责同志代表教育部赴信阳看望慰问李芳同志家属。省委、省政府主要领导先后做出重要批示。省人大常委会副主任、信阳市委书记乔新江同志,省教育厅副厅长毛杰同志,省委高校工委副书记、省教育厅党组副书记郑邦山同志,市教育局党组书记、局长苏锡凌同志,浉河区委书记翟晓宾同志,浉河区委副书记、区长于海忠同志等第一时间做出批示,第一时间看望慰问家属。

6 月 16 日,李芳同志追悼会在董家河镇举行,各级党政机关、群团组织、教育系统及院校师生、亲朋好友及其他社会群众 4000 余人参加,为李芳同志送行。李芳同志先进事迹经中央电视台、人民日报、新华社、光明日报、河南日报、河南电视台等媒体报道后,在社会各界引起强烈反响,其事迹广为传扬。

后记

经过5个多月的努力,《红烛之芳——记一位人民教师的壮美人生》一书终于和大家见面了。

从2018年6月媒体发出第一篇报道起,我开始关注李芳老师。经过几个月的探访、记录、整理和编纂,我更全面地了解到李芳老师鲜为人知的经历和往事,感受到她的人格魅力。

悠悠红烛,默默奉献;崇高师德,震撼人心。李芳老师不忘初心,默默地坚守在农村教学第一线29年。在危急关头,她毅然将生的希望留给学生,把死的危险留给自己,献出了自己宝贵的生命,谱写了一曲人间赞歌,她的大爱善举感动着我们、温暖着社会。

李芳,一个平平凡凡、普普通通的名字,为什么会感动那么多人?沿着李芳的人生轨迹追寻她的生平事迹,没有豪言壮语,也没有绚丽灯光,有的只是无私无畏、默默奉献的精神与实践——执着地扎根农村、默默耕耘，将所有心血倾注在山区教育事业上，用实际行动诠释了一名共产党员应有的价值追求和使命担当。她在危急时刻表现出来的伟大精神，也让教师这个职业显得更为神圣，激励着更多的年轻人投身教育事业。

此书在出版过程中得到了众多领导和朋友的支持和帮助，在此向他们表示诚挚的谢意！

爱与责任的交融是师德之魂。李芳老师的生平事迹绝非一本书就能够叙述完整和介绍清楚的。因此，我在写作过程中参考并刊列了不少媒体的报道，包括新华社、《人民日报》《光明日报》《中国教育报》《中国青年报》《河南日报》《大河报》《信阳日报》等的相关报道，在此一并致谢。

由于笔者水平有限、时间仓促，书中难免有不尽如人意之处，敬请大家批评指正。

誉红旗

2018 年 3 月 2 日